# Node.js desde Cero

Guía Completa para Dominar el Backend
con Express, MongoDB y PostgreSQL

Michael Black

# CONTENIDO

# INTRODUCCIÓN

El desarrollo backend es una de las piezas fundamentales en la creación de aplicaciones web. Si bien los usuarios interactúan con la interfaz visual (frontend), es el backend el que maneja la lógica del negocio, gestiona los datos y garantiza que todo funcione correctamente. En este libro, aprenderemos desde los fundamentos hasta técnicas avanzadas para construir servidores robustos y eficientes con Node.js, Express y bases de datos.

## ¿QUÉ ES EL BACKEND?

El backend es la parte de una aplicación web que trabaja en el lado del servidor. Se encarga de procesar peticiones, almacenar y recuperar datos, autenticar usuarios y aplicar la lógica de negocio de la aplicación. En otras palabras, es el "cerebro" de una aplicación web.

### Responsabilidades Del Backend:

- **Gestor de datos:** Controla el acceso y almacenamiento de información en bases de datos.

- **Seguridad:** Protege la aplicación mediante autenticación, autorización y encriptación de datos.
- **Procesamiento de solicitudes:** Maneja las peticiones del frontend y devuelve respuestas adecuadas.
- **Integraciones:** Se conecta con APIs externas y otros servicios para ampliar las funcionalidades de la aplicación.

Un buen desarrollo backend garantiza que la aplicación sea rápida, segura y escalable.

## ¿CÓMO FUNCIONA UNA APLICACIÓN WEB?

Una aplicación web es un sistema interactivo que permite a los usuarios realizar diversas operaciones a través de internet. Su funcionamiento se basa en la colaboración entre diferentes componentes, cada uno con responsabilidades específicas. A continuación, se describe el proceso general:

1. **Cliente (Frontend):**
   - **Interfaz de usuario:** El usuario interactúa con la aplicación a través de una interfaz gráfica (generalmente en un navegador). Aquí se presentan formularios, botones, menús y otros elementos interactivos.
   - **Solicitudes al servidor:** Cuando el usuario realiza una acción (por ejemplo, hacer clic

en un botón o enviar un formulario), el cliente envía una solicitud HTTP al servidor.

2. **Servidor (Backend):**

o **Recepción y procesamiento:** El servidor recibe la solicitud del cliente y la procesa. Esto puede incluir la ejecución de lógica de negocio, la validación de datos o la interacción con la base de datos.

o **Acceso a la base de datos:** En función de la solicitud, el servidor puede leer, modificar o eliminar datos en la base de datos.

o **Generación de respuesta:** Una vez procesada la solicitud, el servidor genera una respuesta, que puede ser en forma de datos (como JSON o XML) o páginas HTML ya renderizadas.

3. **Comunicación y Respuesta:**

o **Respuesta al cliente:** La respuesta generada por el servidor se envía de vuelta al cliente mediante el protocolo HTTP.

o **Actualización de la interfaz:** El navegador recibe la respuesta y actualiza la interfaz de usuario en consecuencia. Si se utiliza AJAX o frameworks modernos, la actualización puede ocurrir sin necesidad de recargar la página completa.

4. **Iteración y Experiencia del Usuario:**

o **Interacción continua:** Este ciclo se

repite cada vez que el usuario interactúa con la aplicación, creando una experiencia dinámica y en tiempo real.

○ **Retroalimentación:** La aplicación puede proporcionar mensajes, notificaciones o actualizaciones que mejoren la interacción del usuario y lo guíen en el uso de la misma.

Este proceso modular y escalable permite que las aplicaciones web sean altamente interactivas, seguras y adaptables a las necesidades de los usuarios. Cada componente se especializa en una parte del flujo, colaborando para ofrecer una experiencia fluida y eficiente.

## TECNOLOGÍAS CLAVE: NODE.JS, EXPRESS Y BASES DE DATOS

En el desarrollo backend moderno, existen tecnologías fundamentales que facilitan la creación y el mantenimiento de aplicaciones robustas y escalables. Entre ellas destacan:

- **Node.js:**

  ○ **Entorno de Ejecución:** Permite ejecutar JavaScript en el servidor, abriendo el mundo de la programación asíncrona y de alta eficiencia en la red.

  ○ **Rendimiento:** Gracias a su motor V8 de Google, Node.js ofrece un rendimiento excelente para aplicaciones que requieren manejo de múltiples conexiones simultáneas.

o **Ecosistema:** Con npm (Node Package Manager), se dispone de una gran cantidad de módulos y librerías que simplifican tareas comunes, acelerando el desarrollo.

- **Express:**

o **Framework Minimalista:** Express se construye sobre Node.js y simplifica la creación de aplicaciones web y APIs. Proporciona una estructura sencilla y flexible para manejar rutas, middleware y peticiones HTTP.

o **Middleware y Enrutamiento:** Permite gestionar de forma eficiente la lógica del servidor a través de middleware (funciones que interceptan y procesan peticiones) y un sistema de enrutamiento intuitivo.

o **Escalabilidad y Personalización:** Es lo suficientemente modular para adaptarse a proyectos pequeños y grandes, integrándose fácilmente con otras librerías y herramientas del ecosistema Node.js.

- **Bases De Datos:**

o **Almacenamiento Persistente:** Son esenciales para guardar la información de forma estructurada y permitir su consulta, actualización y eliminación.

o **SQL vs NoSQL:**

- **SQL:** Bases de datos relacionales (como

PostgreSQL o MySQL) que organizan datos en tablas y permiten relaciones complejas entre ellos.

- **NoSQL:** Bases de datos no relacionales (como MongoDB) que ofrecen flexibilidad en el manejo de datos no estructurados o semiestructurados, ideales para aplicaciones que requieren escalabilidad horizontal.

o **Integración con Backend:** Tanto en el desarrollo con Express como con Node.js, existen herramientas y librerías (por ejemplo, Mongoose para MongoDB o Sequelize para SQL) que facilitan la interacción y gestión de los datos.

Estas tecnologías trabajan en conjunto para ofrecer una experiencia de desarrollo eficiente y potente, permitiendo crear aplicaciones backend que no solo son rápidas y seguras, sino también escalables y fáciles de mantener.

## HERRAMIENTAS NECESARIAS PARA EL CURSO

Para aprovechar al máximo este curso y desarrollar aplicaciones backend de manera eficiente, es fundamental contar con un conjunto de herramientas que faciliten el proceso de desarrollo. A continuación, se describen las herramientas esenciales:

- **Editor de Código o IDE:**
  o **Visual Studio Code (VS Code):** Es uno de los editores más populares y ampliamente

utilizados en el desarrollo web, gracias a su interfaz intuitiva, extensiones y soporte para múltiples lenguajes.

o **Alternativas:** Atom, Sublime Text o WebStorm, entre otros, que también ofrecen potentes funcionalidades para programadores.

- **Node.js y npm:**
  o **Node.js:** Permite ejecutar JavaScript en el servidor y es la base para trabajar con las tecnologías que veremos en el curso.

  o **npm (Node Package Manager):** Es la herramienta por excelencia para gestionar las dependencias y módulos que utilizaremos en nuestros proyectos.

- **Control de Versiones con Git:**
  o **Git:** Es un sistema de control de versiones distribuido que facilita el seguimiento de cambios y la colaboración en proyectos.

  o **Plataformas Remotas:** GitHub, GitLab o Bitbucket permiten alojar repositorios de código, colaborar con otros desarrolladores y gestionar el ciclo de vida del desarrollo.

- **Terminal o Consola:**
  o Familiarizarse con la línea de comandos es fundamental para instalar dependencias, ejecutar scripts y gestionar proyectos. Las terminales comunes incluyen el Command Prompt, PowerShell (en Windows) y Terminal (en macOS o Linux).

- **Navegador Web Actualizado:**
  o Para probar y depurar las aplicaciones web, es importante contar con un navegador moderno (como Chrome, Firefox o Edge) y

herramientas de desarrollo integradas, que permiten inspeccionar elementos, monitorear la red y depurar código JavaScript.

- **Postman o Herramientas Similares:**
  - o **Postman:** Es una herramienta esencial para probar APIs. Permite enviar solicitudes HTTP, ver respuestas y automatizar pruebas, lo que facilita el desarrollo y la verificación de la lógica del backend.

Estas herramientas formarán la base de tu entorno de desarrollo a lo largo del curso, permitiéndote trabajar de forma eficiente y profesional en la creación de aplicaciones backend. Con ellas, estarás bien equipado para afrontar tanto los fundamentos como los desafíos avanzados en el desarrollo de sistemas modernos.

# CAPÍTULO 1: INTRODUCCIÓN A NODE.JS

## *HISTORIA Y EVOLUCIÓN DE NODE.JS*

Node.js fue creado en 2009 por Ryan Dahl, marcando un antes y un después en el desarrollo de aplicaciones web al permitir la ejecución de JavaScript en el lado del servidor. Esta innovación surgió de la necesidad de aprovechar la eficiencia y la naturaleza asíncrona de JavaScript para manejar múltiples conexiones de manera simultánea.

A lo largo de los años, Node.js ha experimentado un crecimiento significativo:

- **Adopción Rápida:** Gracias a su arquitectura basada en eventos y su modelo no bloqueante, se ganó rápidamente la preferencia de desarrolladores que buscaban construir aplicaciones escalables y de alto rendimiento.

- **Comunidad y Ecosistema:** Con el auge de npm (Node Package Manager), el ecosistema de Node.js se expandió enormemente, ofreciendo miles de módulos y librerías que facilitan el desarrollo de aplicaciones complejas.

- **Evolución Continua:** Node.js ha evolucionado para incorporar mejoras en seguridad, rendimiento y compatibilidad con estándares modernos de JavaScript, consolidándose como una opción robusta y confiable para el desarrollo backend.

Esta evolución ha permitido a Node.js transformar la forma en que se construyen las aplicaciones web, convirtiéndolo en una tecnología esencial en el mundo del desarrollo de backend.

# ¿POR QUÉ USAR NODE.JS EN EL BACKEND?

Node.js se ha consolidado como una opción popular para el desarrollo backend por varias razones fundamentales:

- **Arquitectura No Bloqueante:**
  Node.js utiliza un modelo de operaciones asíncronas y basadas en eventos. Esto permite gestionar múltiples conexiones simultáneas sin bloquear el hilo principal, lo que resulta en un rendimiento óptimo, especialmente en aplicaciones de alto tráfico.
- **JavaScript en el Servidor:**
  Al utilizar JavaScript tanto en el cliente como

en el servidor, se facilita la transferencia de conocimientos y la reutilización de código. Esto agiliza el desarrollo y reduce la curva de aprendizaje para equipos que ya dominan JavaScript.

- **Ecosistema Robusto y Extensible:**
Gracias a npm, Node.js cuenta con un vasto repositorio de módulos y librerías que simplifican la implementación de funcionalidades complejas. Esto permite a los desarrolladores concentrarse en la lógica de negocio sin reinventar la rueda.

- **Escalabilidad:**
La naturaleza ligera y modular de Node.js lo hace ideal para construir aplicaciones escalables. Puede manejar una gran cantidad de conexiones concurrentes, lo que es esencial para servicios web modernos y en tiempo real.

- **Comunidad Activa y en Crecimiento:**
Una comunidad global contribuye constantemente con mejoras, herramientas y recursos. Esto garantiza que Node.js evolucione y se mantenga actualizado frente a las nuevas tendencias y demandas del desarrollo web.

En resumen, Node.js ofrece una combinación poderosa de rendimiento, flexibilidad y eficiencia, lo que lo convierte en una herramienta ideal para desarrollar aplicaciones backend modernas y escalables.

# INSTALACIÓN DE NODE.JS Y NPM

Para comenzar a trabajar con Node.js, es necesario instalar tanto Node.js como npm (Node Package Manager), que se utiliza para gestionar las dependencias y módulos que emplearemos en nuestros proyectos. A continuación, se detallan los pasos para realizar esta instalación:

1. **Descarga desde el Sitio Oficial:**
   - Visita la página oficial de Node.js en https://nodejs.org.
   - Se recomienda descargar la versión LTS (Long Term Support), ya que ofrece mayor estabilidad y soporte a largo plazo.
2. **Instalación en Diferentes Sistemas Operativos:**
   - **Windows:**
     - Descarga el instalador (.msi) y ejecútalo.
     - Sigue las instrucciones del asistente de instalación, asegurándote de marcar la opción que añade Node.js y npm a la variable de entorno PATH.
   - **macOS:**
     - Descarga el instalador (.pkg) y ábrelo.
     - Sigue los pasos indicados para completar la instalación.

Alternativamente, puedes utilizar Homebrew ejecutando el comando:

brew install node

o **Linux:**

La mayoría de las distribuciones permiten instalar Node.js a través de sus repositorios. Por ejemplo, en Ubuntu puedes usar:

sudo apt update
    sudo apt install nodejs npm

- También es posible utilizar **nvm** (Node Version Manager) para gestionar múltiples versiones de Node.js, lo que resulta muy útil. Puedes instalar nvm siguiendo las instrucciones en su repositorio de GitHub.

3. **Verificar la Instalación:**

Una vez completada la instalación, abre la terminal o consola de comandos y ejecuta:

node --version
npm --version

o    Estos comandos deben mostrar las versiones instaladas de Node.js y npm, confirmando que la instalación se realizó correctamente.

4. **Actualización de npm (Opcional):**

En ocasiones, la versión de npm incluida puede no ser la última. Para actualizar npm a la versión más reciente, puedes ejecutar:

```
npm install -g npm
```

Con Node.js y npm instalados, ya estarás listo para comenzar a crear aplicaciones backend y gestionar las dependencias necesarias para tus proyectos. Este entorno de desarrollo te permitirá aprovechar al máximo el ecosistema de JavaScript tanto en el cliente como en el servidor.

## EJECUTAR NUESTRO PRIMER SCRIPT EN NODE.JS

Una vez que tienes Node.js y npm instalados, es momento de ejecutar tu primer script en Node.js. Este proceso te permitirá familiarizarte con la ejecución de código JavaScript en el entorno del servidor.

### 1. Crear Un Archivo Javascript

**Paso 1:** Abre tu editor de código y crea un nuevo archivo llamado app.js.

**Paso 2:** Escribe el siguiente código en app.js:

```
console.log("¡Hola, mundo!");
```

Este simple script utiliza la función console.log para imprimir el mensaje "¡Hola, mundo!" en la consola.

## 2. Ejecutar El Script

**Paso 1:** Abre la terminal o consola de comandos en la carpeta donde se encuentra app.js.

**Paso 2:** Ejecuta el script con el comando:

### node app.js

- **Resultado:** Deberías ver el mensaje "¡Hola, mundo!" impreso en la terminal.

### 3. Explicación del Proceso

- **Interpretación del Código:**
Al ejecutar el comando node app.js, Node.js interpreta y ejecuta el código contenido en el archivo. La función console.log es una función nativa de JavaScript que imprime mensajes en la consola.

- **Entorno de Ejecución:**
Este proceso demuestra cómo Node.js permite correr código JavaScript fuera del navegador, facilitando la creación de aplicaciones del lado del servidor.

- **Siguientes Pasos:**
Una vez que te sientas cómodo ejecutando scripts simples, podrás explorar la creación

de módulos, el manejo de archivos, la programación asíncrona y otros conceptos avanzados en Node.js.

Con estos pasos, has ejecutado exitosamente tu primer script en Node.js, abriendo la puerta a explorar más a fondo las capacidades de este poderoso entorno de ejecución.

# CAPÍTULO 2: MÓDULOS Y EL SISTEMA DE ARCHIVOS

## CREACIÓN Y USO DE MÓDULOS EN NODE.JS

En Node.js, los **módulos** permiten dividir el código en partes reutilizables y organizadas. Cada archivo JavaScript en Node.js puede considerarse un módulo que encapsula funcionalidades específicas. A continuación, se explica cómo crear y utilizar módulos:

## 1. Creación De Un Módulo

**Definir Funcionalidades:**
Para crear un módulo, se escribe código en un archivo y se expone la funcionalidad que se desea compartir utilizando module.exports.
Por ejemplo, crea un archivo llamado saludos.js con el siguiente contenido:

```
// saludos.js
function decirHola(nombre) {
  return `¡Hola, ${nombre}!`;
}
```

```
function decirAdios(nombre) {
  return `¡Adiós, ${nombre}!`;
}

// Exportar las funciones para que estén disponibles
en otros archivos
module.exports = {
  decirHola,
  decirAdios
};
```

## 2. Uso De Un Módulo

**Importar el Módulo:**
En otro archivo (por ejemplo, app.js), se puede importar el módulo creado usando la función require de CommonJS.

```
// app.js
const saludos = require('./saludos');

console.log(saludos.decirHola('Mundo'));        //
Imprime: ¡Hola, Mundo!
console.log(saludos.decirAdios('Mundo'));       //
Imprime: ¡Adiós, Mundo!
```

- **Ventajas del Uso de Módulos:**
  - **Organización:** Separamos la lógica en archivos distintos, facilitando el mantenimiento y la escalabilidad del código.
  - **Reutilización:** Podemos reutilizar módulos

en diferentes partes de la aplicación o incluso en distintos proyectos.

○ **Encapsulamiento:** Los módulos permiten ocultar detalles internos y exponer solo lo necesario a través de una interfaz definida.

### 3. Concepto De Scope En Módulos

Cada módulo en Node.js tiene su propio contexto de ejecución. Esto significa que las variables y funciones definidas en un módulo no son accesibles desde otros módulos a menos que se exporten explícitamente con module.exports.

## IMPORTACIÓN CON COMMONJS Y ES MODULES

En Node.js, existen dos sistemas principales para importar y exportar módulos: **CommonJS** y **ES Modules**. Cada uno tiene su sintaxis y características particulares, y la elección entre uno u otro depende tanto de la versión de Node.js que estés utilizando como de tus preferencias de desarrollo.

**CommonJS**

- **Sintaxis:**
  ○ Para exportar: se utiliza module.exports o exports.
  ○ Para importar: se usa la función require().

**Ejemplo de Exportación e Importación:**

*Archivo saludos.js:*

```javascript
// Exportando funciones usando CommonJS
function decirHola(nombre) {
  return `¡Hola, ${nombre}!`;
}

function decirAdios(nombre) {
  return `¡Adiós, ${nombre}!`;
}

module.exports = {
  decirHola,
  decirAdios
};
```

*Archivo app.js:*

```javascript
// Importando el módulo con require()
const saludos = require('./saludos');

console.log(saludos.decirHola('Mundo'));    // Imprime: ¡Hola, Mundo!
console.log(saludos.decirAdios('Mundo'));   // Imprime: ¡Adiós, Mundo!
```

- **Características de CommonJS:**
  - Es el sistema de módulos original de Node.js.
  - Se carga de forma síncrona, lo que es adecuado para entornos de servidor donde los archivos están disponibles localmente.
  - Es ampliamente usado en proyectos Node.js más antiguos.

**ES Modules (ESM)**

- **Sintaxis:**
  - Para exportar: se utiliza export y export default.
  - Para importar: se utiliza la palabra clave import.

**Ejemplo de Exportación e Importación:**

*Archivo saludos.mjs o saludos.js (si se especifica en package.json):*

```
// Exportando funciones usando ES Modules
export function decirHola(nombre) {
  return `¡Hola, ${nombre}!`;
}

export function decirAdios(nombre) {
  return `¡Adiós, ${nombre}!`;
}
```

*Archivo app.mjs o app.js:*

```
// Importando el módulo con import
import { decirHola, decirAdios } from './saludos.js';

console.log(decirHola('Mundo'));  // Imprime: ¡Hola, Mundo!
console.log(decirAdios('Mundo'));   // Imprime: ¡Adiós, Mundo!
```

- **Características de ES Modules:**
  - Es la especificación oficial de módulos en JavaScript, lo que permite una sintaxis más estandarizada.
  - Soporta carga de módulos de forma asíncrona.
  - Es especialmente útil para trabajar en

entornos híbridos (cliente y servidor) y en proyectos modernos.

o   Para usar ES Modules en Node.js, se debe configurar el archivo package.json añadiendo "type": "module" o usar la extensión .mjs en los archivos.

## Consideraciones para Elegir un Sistema

- **Compatibilidad:**
  o   CommonJS es compatible de forma nativa con versiones anteriores de Node.js.
  o   ES Modules requiere configuraciones adicionales en algunas versiones antiguas, pero es la dirección hacia la que se mueve la comunidad.

- **Estándares Modernos:**
  o   ES Modules promueve el uso de una sintaxis estandarizada en todo el ecosistema JavaScript.

- **Interoperabilidad:**
  o   En ciertos proyectos puede ser necesario combinar ambos sistemas. Node.js ofrece formas de interoperar entre CommonJS y ES Modules, aunque es recomendable elegir uno de manera consistente en cada proyecto.

En resumen, ambos sistemas tienen sus ventajas y se adaptan a distintos escenarios de desarrollo. Conocer ambos te permitirá tomar decisiones informadas y adaptar tu proyecto a las necesidades específicas del entorno en el que trabajes.

# USO DEL MÓDULO FS PARA MANIPULAR ARCHIVOS

El módulo fs (File System) de Node.js proporciona una API para interactuar con el sistema de archivos. Con fs puedes leer, escribir, actualizar y eliminar archivos y directorios de manera sencilla. A continuación, se presentan algunas de las operaciones básicas y cómo realizarlas:

## 1. Lectura de Archivos

**Lectura de manera síncrona:**

```
const fs = require('fs');
// Lee el contenido del archivo de forma síncrona
const data = fs.readFileSync('archivo.txt', 'utf8');
console.log(data);
```

**Lectura de manera asíncrona:**

```
const fs = require('fs');
// Lee el contenido del archivo de forma asíncrona
fs.readFile('archivo.txt', 'utf8', (err, data) => {
  if (err) {
    console.error('Error leyendo el archivo:', err);
    return;
  }
}
```

```
  console.log(data);
});
```

## 2. Escritura En Archivos

### Escritura de manera síncrona:

```
const fs = require('fs');
// Escribe en el archivo de forma síncrona
try {
  fs.writeFileSync('archivo.txt', 'Contenido nuevo del
archivo', 'utf8');
  console.log('Archivo escrito correctamente.');
} catch (err) {
  console.error('Error al escribir el archivo:', err);
}
```

### Escritura de manera asíncrona:

```
const fs = require('fs');
// Escribe en el archivo de forma asíncrona
fs.writeFile('archivo.txt', 'Contenido nuevo del
archivo', 'utf8', (err) => {
  if (err) {
    console.error('Error al escribir el archivo:', err);
    return;
```

```
}
  console.log('Archivo escrito correctamente.');
});
```

## 3. Otras Operaciones Comunes

**Agregar contenido a un archivo existente:**

```
const fs = require('fs');
fs.appendFile('archivo.txt', '\nNueva línea añadida',
'utf8', (err) => {
  if (err) {
    console.error('Error al agregar contenido:', err);
    return;
  }
  console.log('Contenido agregado correctamente.');
});
```

## Eliminar un archivo:

```
const fs = require('fs');
fs.unlink('archivo.txt', (err) => {
  if (err) {
    console.error('Error al eliminar el archivo:', err);
    return;
```

```
}
    console.log('Archivo eliminado correctamente.');
});
```

## 4. Consideraciones

- **Manejo de Errores:**
  Siempre es importante manejar posibles errores en las operaciones asíncronas, ya que pueden ocurrir problemas relacionados con permisos, existencia del archivo, entre otros.
- **Bloqueo vs No Bloqueo:**
  Las versiones síncronas bloquean la ejecución del código hasta que la operación finaliza, lo cual puede ser adecuado en scripts simples pero no es recomendable en aplicaciones de alto rendimiento o con múltiples solicitudes concurrentes. Las versiones asíncronas permiten un mejor manejo del rendimiento y la escalabilidad.
- **Codificación:**
  Especificar la codificación, como 'utf8', es fundamental para asegurarse de que los datos se lean y escriban correctamente.

Con el módulo fs, Node.js facilita la interacción con el sistema de archivos, permitiendo desde operaciones básicas hasta tareas complejas de manipulación de datos. Esta herramienta es esencial para el desarrollo de aplicaciones que requieren almacenamiento y gestión de archivos.

# STREAMS Y BUFFERS

Los **streams** y **buffers** son conceptos fundamentales en Node.js para manejar datos de manera eficiente, especialmente cuando se trabaja con archivos o flujos de datos grandes. Estas técnicas permiten procesar datos por partes en lugar de cargar todo en memoria, lo que es esencial para aplicaciones escalables y de alto rendimiento.

## Buffers

- **Definición:**
  Un buffer es una región de memoria destinada a almacenar datos binarios. En Node.js, los buffers se utilizan para manejar datos en bruto que provienen de operaciones de entrada/salida (E/S), como la lectura de archivos o la comunicación de red.

**Creación de Buffers:**
Puedes crear un buffer de diferentes maneras, por ejemplo:

```
// Creación de un buffer a partir de una cadena
const buffer = Buffer.from('Hola, mundo', 'utf8');
console.log(buffer);
```

```
// Creación de un buffer con una longitud fija
(inicializado a 0)
const bufferVacio = Buffer.alloc(10);
console.log(bufferVacio);
```

- **Uso de Buffers:**
  Los buffers son útiles para:
  - Convertir datos binarios a cadenas y viceversa.

o  Manipular datos en bruto que se reciben de sockets o archivos.

```
// Convertir un buffer a cadena
const mensaje = buffer.toString('utf8');
console.log(mensaje); // Imprime: Hola, mundo
```

## Streams

- **Definición:**
  Los streams son colecciones de datos que se transmiten de forma continua y pueden ser leídos o escritos de manera incremental. Existen varios tipos de streams en Node.js:
  - **Readable Streams:** para leer datos.
  - **Writable Streams:** para escribir datos.
  - **Duplex Streams:** que permiten tanto la lectura como la escritura.
  - **Transform Streams:** que procesan o transforman datos durante la lectura o escritura.

**Ejemplo de Uso con un Readable Stream:**
En lugar de leer un archivo completo en memoria, podemos leerlo en partes utilizando un stream:

```
const fs = require('fs');

// Crear un stream de lectura para un archivo grande
const streamLectura = fs.createReadStream('archivo-grande.txt', { encoding: 'utf8' });

// Manejar eventos del stream
streamLectura.on('data', (chunk) => {
  console.log('Nuevo fragmento de datos:', chunk);
});
```

```
streamLectura.on('end', () => {
  console.log('Lectura completada.');
});

streamLectura.on('error', (err) => {
  console.error('Error durante la lectura:', err);
});
```

**Ejemplo de Uso con un Writable Stream:**
Para escribir datos de forma secuencial en un archivo, se utiliza un stream de escritura:

```
const fs = require('fs');
```

```
// Crear un stream de escritura para un archivo
const streamEscritura = fs.createWriteStream('salida.txt',
{ encoding: 'utf8' });
```

```
// Escribir datos en el archivo
streamEscritura.write('Primera línea de texto.\n');
streamEscritura.write('Segunda línea de texto.\n');
```

```
// Finalizar el stream
streamEscritura.end(() => {
  console.log('Escritura completada.');
});
```

**Ventajas del Uso de Streams y Buffers**

- **Eficiencia en el Uso de Memoria:**
  Al procesar datos en partes, se evita la carga de grandes volúmenes de información en memoria, lo que mejora el rendimiento y la escalabilidad de la aplicación.
- **Procesamiento en Tiempo Real:**

Los streams permiten procesar datos a medida que se reciben, lo cual es ideal para aplicaciones en tiempo real como la transmisión de video, lectura de logs en vivo o servicios de chat.

- **Manejo de Datos Grandes:**
Para archivos o flujos de datos muy grandes, los streams y buffers ofrecen una forma efectiva de manejar la información sin agotar los recursos del sistema.

En resumen, comprender y utilizar correctamente buffers y streams es crucial para desarrollar aplicaciones Node.js eficientes, especialmente cuando se trabaja con operaciones de E/S intensivas. Estos conceptos permiten manejar datos de manera incremental, optimizando tanto el rendimiento como el uso de recursos en aplicaciones modernas.

# CAPÍTULO 3: PROGRAMACIÓN ASÍNCRONA EN NODE.JS

## CALLBACKS Y EL PROBLEMA DEL CALLBACK HELL

En Node.js, las operaciones asíncronas son fundamentales para evitar el bloqueo del hilo principal y garantizar un rendimiento óptimo, especialmente en tareas de E/S (entrada/salida). Una de las técnicas históricas para manejar estas operaciones es el uso de **callbacks**.

### 1. ¿Qué son los Callbacks?

- **Definición:**
  Un callback es una función que se pasa como argumento a otra función y que se ejecuta una vez que se ha completado una operación asíncrona. Esto permite que el programa continúe ejecutándose sin esperar a que la operación finalice.

**Ejemplo Básico:**

```
function saludar(nombre, callback) {
```

```
setTimeout(() => {
  callback(`¡Hola, ${nombre}!`);
}, 1000);
}
saludar('Mundo', (mensaje) => {
  console.log(mensaje); // Se imprime "¡Hola, Mundo!"
después de 1 segundo.
});
```

## 2. El Problema del Callback Hell

A medida que las operaciones asíncronas se encadenan, el código puede volverse difícil de leer y mantener. Este fenómeno se conoce como **Callback Hell** o "infierno de callbacks", y se caracteriza por:

- **Indentación Anidada:**
  Cada operación asíncrona dentro de otra provoca un aumento en la indentación, lo que genera un código en forma de "pirámide" o "callback hell".
- **Dificultad para Manejar Errores:**
  Gestionar los errores de forma adecuada se complica, ya que cada callback debe incluir su propia lógica de manejo de errores, lo que incrementa la complejidad del código.
- **Mantenimiento Complicado:**
  La legibilidad del código se reduce significativamente, dificultando la depuración y la incorporación de nuevas funcionalidades.

**Ejemplo de Callback Hell:**

```
// Supongamos que tenemos tres operaciones asíncronas
encadenadas
fs.readFile('archivo1.txt', 'utf8', (err, data1) => {
  if (err) {
    return console.error('Error leyendo archivo1:', err);
  }
  fs.readFile('archivo2.txt', 'utf8', (err, data2) => {
    if (err) {
      return console.error('Error leyendo archivo2:', err);
    }
    fs.readFile('archivo3.txt', 'utf8', (err, data3) => {
      if (err) {
        return console.error('Error leyendo archivo3:', err);
      }
      console.log('Contenido combinado:', data1, data2,
data3);
    });
  });
});
```

En el ejemplo anterior, la anidación de callbacks hace que el flujo del programa sea difícil de seguir y que el manejo de errores se vuelva repetitivo y complejo.

## 3. Conclusión

El uso de callbacks es una técnica poderosa para

manejar operaciones asíncronas en Node.js. Sin embargo, cuando se encadenan múltiples callbacks, el código puede volverse difícil de gestionar y propenso a errores. Este problema, conocido como **Callback Hell**, motivó la evolución hacia otras técnicas como las **promesas** y **async/await**, que permiten escribir código asíncrono de forma más legible y manejable.

# PROMESAS: QUÉ SON Y CÓMO USARLAS

Las **promesas** son una alternativa moderna a los callbacks para manejar operaciones asíncronas en JavaScript. Una promesa representa el valor eventual o el error resultante de una operación asíncrona, permitiendo escribir código más limpio y fácil de seguir.

**1. ¿Qué es una Promesa?**

- **Definición:**
  Una promesa es un objeto que puede estar en uno de tres estados:
  - **Pendiente (pending):** La operación aún no ha finalizado.
  - **Cumplida (fulfilled):** La operación se completó exitosamente.
  - **Rechazada (rejected):** La operación falló y se produjo un error.
- **Ventajas:**
  - **Encadenamiento:** Permiten encadenar múltiples operaciones asíncronas de forma lineal.
  - **Manejo Centralizado de Errores:** Facilitan el manejo de errores en una única cadena en lugar

de tener múltiples bloques de manejo en cada callback.

o **Legibilidad:** El código se vuelve más legible y organizado, evitando la anidación excesiva.

## 2. Uso de Promesas

**Ejemplo Básico:**

```javascript
// Una función que devuelve una promesa
function saludar(nombre) {
  return new Promise((resolve, reject) => {
    if (nombre) {
      setTimeout(() => {
        resolve(`¡Hola, ${nombre}!`);
      }, 1000);
    } else {
      reject('No se proporcionó un nombre');
    }
  });
}
// Uso de la promesa con .then() y .catch()
saludar('Mundo')
  .then((mensaje) => {
    console.log(mensaje);   // Imprime: ¡Hola, Mundo! (después de 1 segundo)
  })
  .catch((error) => {
```

```
    console.error('Error:', error);
  });
```

**Encadenamiento de Promesas:**
Las promesas permiten encadenar múltiples operaciones
de forma secuencial:

```
function obtenerDato() {
  return new Promise((resolve) => {
    setTimeout(() => {
      resolve(10);
    }, 500);
  });
}
function procesarDato(dato) {
  return new Promise((resolve) => {
    setTimeout(() => {
      resolve(dato * 2);
    }, 500);
  });
}
obtenerDato()
  .then((dato) => {
    console.log('Dato obtenido:', dato);
    return procesarDato(dato);
```

```
})
.then((resultado) => {
    console.log('Resultado procesado:', resultado);
})
.catch((error) => {
    console.error('Error en la cadena de promesas:', error);
});
```

## 3. Conclusión

Las promesas ofrecen una forma más estructurada y manejable de trabajar con operaciones asíncronas en Node.js. Al evitar la anidación excesiva de callbacks, mejoran la legibilidad del código y centralizan el manejo de errores, facilitando la creación de aplicaciones robustas y escalables.

# ASYNC/AWAIT: LA SOLUCIÓN MODERNA

async/await es una sintaxis introducida en ECMAScript 2017 que simplifica el manejo de operaciones asíncronas, haciendo que el código sea más legible y similar al flujo sincrónico, sin renunciar a las ventajas de las promesas.

## 1. ¿Qué es async/await?

- **Funciones Asíncronas (async):**
  Al declarar una función con la palabra clave async, esta función devuelve una promesa de forma implícita. Dentro de estas funciones se puede utilizar

await para pausar la ejecución hasta que una promesa se resuelva o rechace.

- **La Palabra Clave await:**
  await se utiliza para esperar la resolución de una promesa. Solo puede ser usado dentro de funciones marcadas con async, y hace que el código sea más legible al evitar el encadenamiento de .then().

## 2. Ejemplo de Uso de async/await

Imaginemos que tenemos dos funciones que devuelven promesas y queremos encadenarlas de manera secuencial:

```
// Función que simula la obtención de datos asíncronos
function obtenerDato() {
  return new Promise((resolve) => {
    setTimeout(() => {
      resolve(20);
    }, 500);
  });
}
```

```
// Función que procesa el dato obtenido
function procesarDato(dato) {
  return new Promise((resolve) => {
    setTimeout(() => {
      resolve(dato * 3);
    }, 500);
  });
}
```

```
// Función asíncrona que utiliza async/await para
encadenar operaciones
async function ejecutarProceso() {
  try {
    const dato = await obtenerDato();
```

```
    console.log('Dato obtenido:', dato);
    const resultado = await procesarDato(dato);
    console.log('Resultado procesado:', resultado);
  } catch (error) {
    console.error('Error en el proceso:', error);
  }
}

ejecutarProceso();
```

En este ejemplo:

- La función ejecutarProceso es declarada con async, permitiendo el uso de await en su interior.
- Cada llamada a una función que devuelve una promesa se precede con await, lo que hace que la ejecución espere hasta obtener el resultado.
- El bloque try/catch facilita el manejo de errores, centralizando la captura de excepciones que puedan ocurrir durante la resolución de las promesas.

**3. Ventajas de Usar async/await**

- **Legibilidad y Mantenimiento:**
  El código asíncrono se escribe de forma lineal y clara, similar al código sincrónico, lo que facilita su lectura y mantenimiento.
- **Manejo Sencillo de Errores:**
  Utilizando try/catch, es posible manejar errores de manera centralizada sin necesidad de múltiples bloques de .catch().
- **Flujo de Ejecución Natural:**
  Al eliminar el encadenamiento de promesas, se evita el "callback hell" y se mejora la comprensión del flujo lógico del programa.

En resumen, async/await moderniza la forma de escribir código asíncrono en Node.js, combinando la potencia de las promesas con una sintaxis intuitiva y fácil de mantener, facilitando el desarrollo de aplicaciones robustas y escalables.

## MANEJO DE ERRORES EN CÓDIGO ASÍNCRONO

El manejo de errores es esencial en cualquier aplicación, y en el entorno asíncrono de Node.js se vuelve especialmente importante. Las operaciones asíncronas pueden fallar por diversas razones, como problemas de red, errores de lectura/escritura en archivos o excepciones en la lógica de negocio. A continuación, se exploran las técnicas para manejar errores en código asíncrono utilizando diferentes enfoques.

### 1. Manejo de Errores en Callbacks

En el enfoque de callbacks, es común seguir el patrón "error-first". Esto significa que la primera variable en el callback es un objeto de error (si existe), y el resto de los parámetros contienen los datos resultantes de la operación.

```
const fs = require('fs');
// Lectura de un archivo con manejo de errores usando callbacks
fs.readFile('archivo.txt', 'utf8', (err, data) => {
  if (err) {
```

```
    console.error('Error leyendo el archivo:', err);
    return;
  }
  console.log('Contenido del archivo:', data);
});
```

En este ejemplo, si ocurre un error durante la lectura del archivo, se captura y se maneja inmediatamente, evitando que el flujo de la aplicación continúe de forma incorrecta.

## 2. Manejo de Errores con Promesas

Cuando se utilizan promesas, el manejo de errores se centraliza mediante el método .catch(). Esto permite encadenar múltiples operaciones asíncronas y capturar cualquier error que se produzca en la cadena.

```
function obtenerDato() {
  return new Promise((resolve, reject) => {
    // Simula una operación asíncrona con posibilidad de error
    setTimeout(() => {
      const exito = false; // Cambiar a true para simular éxito
      if (exito) {
        resolve('Dato obtenido correctamente');
      } else {
```

```
      reject('Error al obtener el dato');
    }
  }, 500);
  });
}
obtenerDato()
  .then((mensaje) => {
    console.log(mensaje);
  })
  .catch((error) => {
    console.error('Error en la promesa:', error);
  });
```

Este método permite que cualquier error en la promesa se maneje en un único bloque, haciendo que el código sea más limpio y mantenible.

### 3. Manejo de Errores con Async/Await

Con async/await, el manejo de errores se simplifica aún más mediante el uso de bloques try/catch, lo que hace que el código se parezca a una secuencia sincrónica.

```
async function procesarDatos() {
  try {
    const dato = await obtenerDato();
    console.log('Dato obtenido:', dato);
```

```
} catch (error) {

    console.error('Error en async/await:', error);

  }

}

procesarDatos();
```

En este ejemplo, cualquier error que se produzca en la función obtenerDato() será capturado por el bloque catch, permitiendo una gestión de errores centralizada y clara.

## Conclusión

El manejo adecuado de errores en código asíncrono es crucial para garantizar la estabilidad y robustez de una aplicación Node.js. Ya sea utilizando callbacks, promesas o async/await, es fundamental capturar y gestionar errores de forma efectiva para evitar fallos inesperados y mejorar la experiencia del usuario. Cada método tiene sus particularidades, pero todos comparten el objetivo común de facilitar la detección y corrección de problemas en operaciones asíncronas.

# CAPÍTULO 4: INTRODUCCIÓN A EXPRESS.JS

## ¿QUÉ ES EXPRESS Y POR QUÉ USARLO?

**Express.js** es un framework minimalista y flexible para Node.js que facilita la creación de aplicaciones web y APIs. Fue diseñado para simplificar el desarrollo del lado del servidor y proporcionar una estructura clara para manejar rutas, middleware y solicitudes HTTP. A continuación, se detallan algunas de las razones para usar Express:

- **Simplicidad y Flexibilidad:**
  Express permite crear aplicaciones web sin la necesidad de configurar una gran cantidad de herramientas o convenciones. Su diseño minimalista te permite empezar rápidamente y agregar solo los componentes que necesites.
- **Manejo Eficiente de Solicitudes HTTP:**
  Express facilita el enrutamiento de solicitudes, la gestión de parámetros en las URLs y el procesamiento de datos en el cuerpo de las peticiones

(como JSON o formularios). Esto es esencial para construir APIs RESTful y aplicaciones web interactivas.

- **Middleware:**
Uno de los conceptos clave en Express es el uso de middleware, que son funciones que se ejecutan durante el ciclo de vida de una solicitud. Esto permite realizar tareas como autenticación, validación de datos, logging y manejo de errores de manera modular y reutilizable.

- **Gran Ecosistema:**
Al ser uno de los frameworks más populares para Node.js, Express cuenta con una extensa comunidad y una gran cantidad de módulos y extensiones que amplían sus funcionalidades. Esto facilita la integración con otras herramientas y servicios.

- **Rendimiento y Escalabilidad:**
Gracias a su arquitectura basada en Node.js, Express hereda las capacidades asíncronas y no bloqueantes de JavaScript, lo que lo hace ideal para aplicaciones de alto rendimiento y escalables.

En resumen, Express.js es una herramienta poderosa y sencilla que agiliza el desarrollo de aplicaciones web, permitiendo a los desarrolladores centrarse en la lógica de negocio sin tener que preocuparse por detalles de bajo nivel en la gestión de solicitudes HTTP.

# INSTALACIÓN Y CONFIGURACIÓN DE UN SERVIDOR EXPRESS

Configurar un servidor con Express es sencillo y rápido. A continuación, se detalla el proceso para instalar y poner en marcha un servidor básico con Express:

### 1. Inicializar el Proyecto

**Crear una Carpeta para el Proyecto:**
Crea una carpeta para tu aplicación y accede a ella desde la terminal:

```
mkdir mi-servidor-express
```

```
cd mi-servidor-express
```

**Inicializar npm:**
Ejecuta el comando para crear un archivo package.json, que gestionará las dependencias del proyecto:

```
npm init -y
```

### 2. Instalar Express

**Instalación de Express:**
Utiliza npm para instalar Express y añadirlo a las dependencias del proyecto:

```
npm install express
```

### 3. Configurar el Servidor Básico

**Crear el Archivo Principal:**
Crea un archivo llamado server.js y agrega el siguiente código para configurar un servidor básico:

```js
// server.js

const express = require('express'); // Importar Express

const app = express();        // Crear una instancia de la aplicación

// Definir una ruta simple

app.get('/', (req, res) => {

    res.send('¡Bienvenido a mi servidor Express!');
```

```
});
// Configurar el puerto y arrancar el servidor
const PORT = process.env.PORT || 3000;
app.listen(PORT, () => {
    console.log(`Servidor escuchando en el puerto ${PORT}
`);
});
```

**Ejecutar el Servidor:**
Desde la terminal, ejecuta el servidor con el siguiente comando:

```
node server.js
```

- **Probar la Configuración:**
  Abre tu navegador y accede a http://localhost:3000. Deberías ver el mensaje "¡Bienvenido a mi servidor Express!".

**4. Consideraciones Adicionales**

- **Variables de Entorno:**
  Para proyectos más avanzados, es común utilizar variables de entorno (por ejemplo, con el paquete dotenv) para gestionar configuraciones sensibles o específicas del entorno.
- **Estructura del Proyecto:**
  Conforme tu aplicación crezca, podrás organizar tu código en rutas, controladores, modelos y otros módulos, manteniendo una estructura modular y mantenible.

Este proceso básico te proporciona los fundamentos para iniciar el desarrollo de aplicaciones web o APIs con Express, sentando las bases para la integración de middleware, rutas y funcionalidades adicionales.

# MIDDLEWARE: CONCEPTO Y USO PRÁCTICO

En Express, los **middleware** son funciones que se ejecutan durante el ciclo de vida de una solicitud HTTP y antes de que se envíe la respuesta al cliente. Estas funciones permiten realizar tareas comunes de forma modular, como la validación de datos, la autenticación, el registro de actividad (logging), el manejo de errores y la modificación de la solicitud o respuesta.

## 1. ¿Qué es un Middleware?

- **Definición:**
  Un middleware es una función que recibe los objetos req (solicitud), res (respuesta) y next (una función que invoca al siguiente middleware en la cadena). Esta función puede ejecutar cualquier lógica, modificar la solicitud o respuesta, y decidir si pasa el control al siguiente middleware.

**Sintaxis Básica:**

```
function miMiddleware(req, res, next) {
  // Realizar alguna operación
  console.log('Middleware ejecutado');
  // Pasar el control al siguiente middleware o ruta
  next();
}
```

## 2. Uso Práctico de Middleware en Express

**Aplicación Global:**
Puedes usar un middleware para todas las rutas de la aplicación:

```
const express = require('express');

const app = express();

// Middleware global

app.use((req, res, next) => {

  console.log(`Solicitud recibida: ${req.method} ${req.url}`);

  next();

});

app.get('/', (req, res) => {

  res.send('¡Hola, mundo!');

});

const PORT = 3000;

app.listen(PORT, () => console.log(`Servidor corriendo en el puerto ${PORT}`));
```

**Middleware en Rutas Específicas:**
Puedes aplicar middleware solo a ciertas rutas:

```
function autenticar(req, res, next) {

  // Lógica de autenticación

  const usuarioAutenticado = true; // Esto es solo un ejemplo

  if (usuarioAutenticado) {

    next();
```

```
} else {
    res.status(401).send('No autorizado');
  }
}

app.get('/ruta-protegida', autenticar, (req, res) => {
    res.send('Acceso concedido a ruta protegida.');
});
```

**3. Ventajas del Uso de Middleware**

- **Modularidad:**
  Permiten separar y reutilizar funcionalidades comunes, evitando duplicación de código.
- **Flexibilidad:**
  Puedes encadenar múltiples middleware para procesar solicitudes de forma secuencial, controlando el flujo de la aplicación de manera clara.
- **Manejo Centralizado:**
  Facilitan la implementación de funciones globales como la autenticación, la validación de datos y el manejo de errores, centralizando la lógica en un solo lugar.

En resumen, los middleware en Express son herramientas poderosas para personalizar y controlar el flujo de las solicitudes HTTP. Su uso permite estructurar de manera ordenada y modular las tareas comunes en una aplicación web, mejorando tanto el mantenimiento como la escalabilidad del código.

## ENRUTAMIENTO EN EXPRESS

El enrutamiento es un componente esencial en Express

que permite definir cómo responde una aplicación a las solicitudes de los clientes en diferentes endpoints (URLs) y métodos HTTP. Con el enrutamiento, se puede organizar el código de manera modular, separando las funcionalidades según las rutas y simplificando el manejo de solicitudes.

## 1. Concepto de Enrutamiento

- **Definición:**
  El enrutamiento consiste en establecer una correspondencia entre las rutas (o URLs) y las funciones que se ejecutarán cuando se realicen solicitudes a esas rutas. Esto incluye métodos como GET, POST, PUT, DELETE, entre otros.

**Ejemplo Básico:**

```
const express = require('express');

const app = express();

// Ruta para el método GET en la raíz ('/')

app.get('/', (req, res) => {

  res.send('Respuesta para GET en la raíz');

});

// Ruta para el método POST en '/enviar'

app.post('/enviar', (req, res) => {

  res.send('Respuesta para POST en /enviar');

});

// Ruta para el método PUT en '/actualizar'

app.put('/actualizar', (req, res) => {

  res.send('Respuesta para PUT en /actualizar');
```

```
});
// Ruta para el método DELETE en '/eliminar'
app.delete('/eliminar', (req, res) => {
  res.send('Respuesta para DELETE en /eliminar');
});
const PORT = 3000;
app.listen(PORT, () => console.log(`Servidor corriendo en el puerto ${PORT}`));
```

## 2. Parámetros en las Rutas

Express permite definir rutas dinámicas mediante parámetros, lo cual es útil para identificar recursos específicos.

### Ejemplo de Ruta con Parámetros:

```
// Ruta con un parámetro 'id'
app.get('/usuario/:id', (req, res) => {
  // El parámetro se obtiene a través de req.params
  const userId = req.params.id;
  res.send(`Información del usuario con ID: ${userId}`);
});
```

## 3. Uso de Router para Modularizar las Rutas

Para mantener el código organizado, Express permite crear instancias de Router que pueden agrupar rutas relacionadas en módulos separados.

### Ejemplo con Router:

```
const express = require('express');
```

```
const router = express.Router();
// Definir rutas específicas en el router
router.get('/', (req, res) => {
    res.send('Ruta principal del router');
});
router.get('/detalle', (req, res) => {
    res.send('Ruta de detalle en el router');
});
// Integrar el router en la aplicación principal
const app = express();
app.use('/api', router);
const PORT = 3000;
app.listen(PORT, () => console.log(`Servidor corriendo en el puerto ${PORT}`));
```

En este ejemplo, todas las rutas definidas en el router se agrupan bajo el prefijo /api, lo que permite modularizar y gestionar de forma más limpia las rutas de la aplicación.

**Conclusión**

El enrutamiento en Express es una herramienta poderosa que permite manejar solicitudes de manera precisa y organizada. Ya sea definiendo rutas simples, utilizando parámetros dinámicos o modularizando las rutas con Router, Express facilita la creación de aplicaciones web robustas y escalables, ofreciendo una estructura clara para el manejo de la lógica de negocio en función de las solicitudes de los clientes.

# CAPÍTULO 5: CONSTRUCCIÓN DE UNA API RESTFUL CON EXPRESS

## *MÉTODOS HTTP: GET, POST, PUT, DELETE*

En el desarrollo de una API RESTful, los métodos HTTP definen cómo se comunican los clientes con el servidor. Cada método tiene un propósito específico:

- **GET:**
  Se utiliza para **solicitar** datos desde el servidor. Es un método seguro y no modifica el estado del recurso.
  **Ejemplo:** Obtener la lista de usuarios o la información de un usuario en particular.

- **POST:**
  Se utiliza para **crear** nuevos recursos en el servidor. Este método envía datos en el cuerpo de la solicitud para que el servidor procese y almacene la nueva información.
  **Ejemplo:** Registrar un nuevo usuario o agregar un nuevo producto.

- **PUT:**
  Se utiliza para **actualizar** completamente un recurso existente. La solicitud PUT reemplaza la representación completa del recurso en el servidor con los datos enviados.
  **Ejemplo:** Actualizar la información de un usuario existente.
- **DELETE:**
  Se utiliza para **eliminar** un recurso del servidor.
  **Ejemplo:** Borrar un usuario o eliminar un producto del inventario.

**Ejemplo Práctico**

A continuación, se muestra un ejemplo básico de cómo se implementan estos métodos en Express para una entidad "usuarios":

```
const express = require('express');

const app = express();

app.use(express.json()); // Middleware para parsear JSON
en el cuerpo de la solicitud

// GET: Obtener todos los usuarios

app.get('/usuarios', (req, res) => {

  // Lógica para obtener usuarios

  res.json({ mensaje: 'Lista de usuarios' });

});

// GET: Obtener un usuario por ID

app.get('/usuarios/:id', (req, res) => {

  const { id } = req.params;

  // Lógica para obtener un usuario específico
```

```
  res.json({ mensaje: `Detalle del usuario con ID: ${id}` });
});
// POST: Crear un nuevo usuario
app.post('/usuarios', (req, res) => {
  const nuevoUsuario = req.body;
  // Lógica para crear un usuario
  res.status(201).json({    mensaje:    'Usuario    creado',
usuario: nuevoUsuario });
});
// PUT: Actualizar un usuario existente
app.put('/usuarios/:id', (req, res) => {
  const { id } = req.params;
  const usuarioActualizado = req.body;
  // Lógica para actualizar el usuario
  res.json({ mensaje: `Usuario con ID ${id} actualizado`,
usuario: usuarioActualizado });
});
// DELETE: Eliminar un usuario
app.delete('/usuarios/:id', (req, res) => {
  const { id } = req.params;
  // Lógica para eliminar el usuario
  res.json({ mensaje: `Usuario con ID ${id} eliminado` });
});
 const PORT = 3000;
```

```
app.listen(PORT, () => console.log(`Servidor corriendo en
el puerto ${PORT}`));
```

**Conclusión**

Cada método HTTP cumple un rol fundamental en la construcción de una API RESTful. Utilizando Express, se puede implementar de manera sencilla y organizada la lógica para gestionar la creación, lectura, actualización y eliminación de recursos, lo que facilita la construcción de servicios web robustos y escalables.

# *ENVÍO Y RECEPCIÓN DE DATOS (REQ.BODY, REQ.PARAMS, REQ.QUERY)*

En el desarrollo de una API RESTful con Express, es fundamental comprender cómo enviar y recibir datos a través de las solicitudes HTTP. Express proporciona diversas propiedades en el objeto req (solicitud) para acceder a diferentes tipos de datos enviados por el cliente:

**1. req.body**

- **Descripción:**
  req.body contiene los datos que el cliente envía en el cuerpo de la solicitud, generalmente en formato JSON, pero también puede ser en formato URL-encoded, entre otros.

**Uso Práctico:**

Para poder acceder a req.body, es necesario usar un middleware que lo procese. Express incluye el middleware express.json() para parsear datos en formato JSON.

```
const express = require('express');

const app = express();

// Middleware para parsear JSON en el cuerpo de la
solicitud

app.use(express.json());

// Ruta para crear un recurso (por ejemplo, un usuario)

app.post('/usuarios', (req, res) => {

  const nuevoUsuario = req.body; // Accede a los datos
enviados en el cuerpo

  // Lógica para guardar el usuario...

  res.status(201).json({ mensaje: 'Usuario creado',
usuario: nuevoUsuario });

});
```

## 2. req.params

- **Descripción:**
  req.params es un objeto que contiene parámetros de
  ruta definidos en la URL. Se utiliza para capturar
  valores dinámicos de la ruta.

**Uso Práctico:**
Se definen parámetros en la ruta utilizando dos puntos (:)
antes del nombre del parámetro.

```
// Ruta con un parámetro dinámico 'id'

app.get('/usuarios/:id', (req, res) => {

  const { id } = req.params; // Extrae el valor del parámetro
'id'

  // Lógica para obtener el usuario por ID...
```

```
res.json({ mensaje: `Detalle del usuario con ID: ${id}` });
});
```

### 3. req.query

- **Descripción:**
  req.query es un objeto que contiene pares clave-valor que se envían como parte de la cadena de consulta en la URL (los parámetros que siguen a un ?).

**Uso Práctico:**
Este método es útil para enviar datos opcionales o filtros de búsqueda.

```
// Ruta que utiliza parámetros de consulta para filtrar resultados

app.get('/usuarios', (req, res) => {

  const { nombre, edad } = req.query; // Accede a los parámetros de consulta

  // Lógica para filtrar usuarios según los parámetros...

  res.json({ mensaje: 'Usuarios filtrados', filtros: { nombre, edad } });

});
```

### Conclusión

- **req.body** permite acceder a los datos enviados en el cuerpo de la solicitud, fundamental para crear y actualizar recursos.
- **req.params** captura valores dinámicos directamente de la URL, útil para identificar recursos específicos.
- **req.query** se utiliza para extraer parámetros de la cadena de consulta, facilitando la implementación

de filtros y búsquedas.

Comprender y utilizar correctamente estas propiedades de req es esencial para construir APIs RESTful efectivas y robustas con Express, ya que permiten manejar y procesar los datos enviados por los clientes de manera flexible y organizada.

# VALIDACIÓN DE DATOS CON EXPRESS VALIDATOR

La validación de datos es fundamental para asegurar que la información que se recibe en una API cumple con los formatos y restricciones esperados, evitando errores y mejorando la seguridad de la aplicación. **Express Validator** es una biblioteca que se integra como middleware en Express para realizar estas validaciones de forma sencilla y declarativa.

**1. ¿Qué es Express Validator?**

- **Descripción:**
  Express Validator es un conjunto de middlewares basado en la biblioteca *validator.js*, que permite validar y sanitizar los datos que llegan en las solicitudes HTTP. Con él, puedes definir reglas de validación para campos específicos y devolver errores detallados si los datos no cumplen con los requisitos.
- **Ventajas:**
  - Facilita la validación de entradas sin tener que escribir código manual extenso.
  - Permite encadenar validaciones y sanitizaciones de forma legible.
  - Se integra de manera sencilla con Express como

middleware.

## 2. Instalación

Para empezar a usar Express Validator, primero debes instalarlo en tu proyecto:

npm install express-validator

## 3. Ejemplo Práctico de Uso

A continuación, se muestra cómo implementar la validación de datos en una ruta para crear un usuario:

const express = require('express');

const { body, validationResult } = require('express-validator');

const app = express();

app.use(express.json());

// Ruta para crear un usuario con validación de datos

app.post(

  '/usuarios',

  [

    // Reglas de validación:

    body('nombre').notEmpty().withMessage('El nombre es obligatorio'),

    body('email').isEmail().withMessage('Debe ser un email válido'),

    body('edad').optional().isInt({ min: 1 }).withMessage('La edad debe ser un número entero positivo'),

  ],

```
(req, res) => {
    // Verificar resultados de la validación
    const errors = validationResult(req);
    if (!errors.isEmpty()) {
        // Si hay errores, responder con un status 400 y el
detalle de los errores
        return            res.status(400).json({            errores:
errors.array() });
    }
    // Si la validación es exitosa, continuar con la lógica
para crear el usuario
    const nuevoUsuario = req.body;
    // Aquí se podría agregar lógica para almacenar el
usuario en la base de datos
    res.status(201).json({ mensaje: 'Usuario creado',
usuario: nuevoUsuario });
    }
);
const PORT = 3000;
app.listen(PORT, () => console.log(`Servidor corriendo en
el puerto ${PORT}`));
```

## 4. Explicación del Ejemplo

- **Definición de Reglas:**
  Usamos el método body para definir reglas de
  validación en los campos nombre, email y edad. Por
  ejemplo, body('nombre').notEmpty() verifica que el

campo "nombre" no esté vacío.

- **Manejo de Errores:**
  Después de definir las reglas, se utiliza validationResult(req) para recopilar los posibles errores. Si existen errores, se devuelve una respuesta con un código de estado 400 junto con los detalles.
- **Integración como Middleware:**
  Las validaciones se integran como middleware en la ruta, asegurando que la lógica de negocio se ejecute solo si los datos son válidos.

**Conclusión**

Express Validator es una herramienta poderosa para garantizar la integridad y seguridad de los datos recibidos en una API RESTful. Permite definir reglas de validación de manera clara y mantener el código ordenado, lo que facilita la detección y corrección de errores en las entradas del usuario. Esta validación previa es esencial para construir aplicaciones robustas y seguras.

# MANEJO DE ERRORES Y MIDDLEWARE PERSONALIZADO

El manejo adecuado de errores es esencial en cualquier API para garantizar que los fallos se traten de manera consistente y que los usuarios reciban respuestas informativas. Express permite definir middleware personalizado para gestionar errores, lo que facilita centralizar y unificar la lógica de manejo de errores en un solo lugar.

**1. ¿Qué es un Middleware de Errores?**

- **Definición:**

Un middleware de errores es una función especial en Express que se utiliza para capturar y gestionar errores que se producen en las rutas o en otros middleware. A diferencia de los middleware normales, este recibe cuatro argumentos: err, req, res y next.

**Sintaxis Básica:**

```
function errorHandler(err, req, res, next) {
  console.error(err.stack); // Imprime el error en la consola
  res.status(500).json({
    mensaje: 'Ocurrió un error en el servidor',
    error: err.message,
  });
}
```

**2. Implementación en una API Express**

**Ejemplo Práctico:**
Imaginemos una API que maneja operaciones sobre usuarios. Se puede incluir un middleware personalizado de errores para gestionar cualquier error que ocurra durante la ejecución de las rutas:

```
const express = require('express');
const app = express();
// Middleware para parsear JSON en el cuerpo de la solicitud
app.use(express.json());
// Ruta de ejemplo que genera un error
```

```
app.get('/error', (req, res, next) => {
  try {
    // Simular un error
    throw new Error('Simulación de error');
  } catch (err) {
    next(err); // Pasa el error al middleware de errores
  }
});
// Ruta normal para usuarios
app.get('/usuarios', (req, res) => {
  res.json({ mensaje: 'Lista de usuarios' });
});
// Middleware personalizado de manejo de errores
function errorHandler(err, req, res, next) {
  console.error(err.stack);
  res.status(500).json({
    mensaje: 'Ocurrió un error en el servidor',
    error: err.message,
  });
}
// Registrar el middleware de errores (debe ir al final,
después de todas las rutas)
app.use(errorHandler);
const PORT = 3000;
```

```
app.listen(PORT, () => console.log(`Servidor corriendo en
el puerto ${PORT}`));
```

### 3. Beneficios del Middleware de Errores Personalizado

- **Centralización:**
  Permite gestionar todos los errores en un único lugar, evitando la duplicación de código en cada ruta y facilitando la implementación de cambios o mejoras en el manejo de errores.

- **Consistencia:**
  Al centralizar la gestión de errores, se garantiza que todas las respuestas de error sigan el mismo formato, lo que mejora la experiencia del cliente al interactuar con la API.

- **Facilidad de Mantenimiento:**
  Las actualizaciones y ajustes en la lógica de manejo de errores se realizan en un único middleware, reduciendo la complejidad y el riesgo de inconsistencias en la aplicación.

### Conclusión

El uso de un middleware personalizado para el manejo de errores en Express es una práctica recomendada para construir APIs robustas y fáciles de mantener. Este enfoque centralizado no solo facilita la detección y gestión de errores, sino que también garantiza que las respuestas de error sean consistentes y claras, mejorando la experiencia del usuario y facilitando la depuración y el mantenimiento del código.

# CAPÍTULO 6:
# AUTENTICACIÓN Y SEGURIDAD EN EXPRESS

## *HASHING DE CONTRASEÑAS CON BCRYPT*

El **hashing** de contraseñas es una práctica esencial para proteger la información sensible de los usuarios. En lugar de almacenar contraseñas en texto plano, se utiliza una función de hash para transformar la contraseña en una cadena de caracteres irreconocible y segura. Una de las librerías más populares para realizar esta tarea en Node.js es **bcrypt**.

### 1. ¿Qué es bcrypt?

- **Definición:**
  bcrypt es una librería de hashing que utiliza el algoritmo Blowfish para generar hashes robustos de las contraseñas. Este método incorpora un "salt" (valor aleatorio) para cada contraseña, lo que ayuda a proteger contra ataques de diccionario y de rainbow tables.
- **Ventajas:**
  - **Seguridad:** Cada hash generado es

único incluso si dos usuarios tienen la misma contraseña, gracias al uso del salt.

- o **Ajustable:** Permite configurar la cantidad de "rounds" (iteraciones) para equilibrar seguridad y rendimiento.
- o **Amplio Soporte:** bcrypt es ampliamente utilizado y reconocido en la comunidad de desarrollo por su eficacia en la protección de datos sensibles.

## 2. Instalación y Uso Básico

**Instalación:**

Para instalar bcrypt en un proyecto Node.js, utiliza npm:

```
npm install bcrypt
```

**Ejemplo de Uso:**

```
const bcrypt = require('bcrypt');

// Definir la contraseña en texto plano

const contrasenaPlano = 'miContraseñaSecreta';

// Número de "rounds" o saltos para generar el salt (cuanto mayor sea el número, mayor será la seguridad y el tiempo de procesamiento)

const saltRounds = 10;

// Hashing de la contraseña

bcrypt.hash(contrasenaPlano, saltRounds, (err, hash) => {
    if (err) {
        return console.error('Error al generar el hash:', err);
    }
    console.log('Hash generado:', hash);
```

```
// Para comparar la contraseña ingresada con el hash
almacenado

bcrypt.compare(contrasenaPlano, hash, (err, resultado)
=> {

  if (err) {

    return    console.error('Error    al    comparar
contraseñas:', err);

  }

  console.log('Las contraseñas coinciden:', resultado); //
true si coinciden

});

});
```

### 3. Consideraciones de Seguridad

- **Salt Automático:**
  bcrypt se encarga de generar y aplicar el salt de forma automática, lo que simplifica el proceso y minimiza errores.

- **Configuración de Salt Rounds:**
  Es importante ajustar el número de iteraciones (salt rounds) para lograr un balance entre seguridad y rendimiento. Un valor comúnmente recomendado es 10, aunque puede variar según las necesidades del proyecto.

- **Almacenamiento Seguro:**
  Una vez generado, el hash debe almacenarse en la base de datos en lugar de la contraseña en texto plano, garantizando que incluso si la base de datos se ve comprometida, las contraseñas se mantengan protegidas.

En resumen, el uso de bcrypt para el hashing de contraseñas es una medida crucial en la seguridad de aplicaciones Express. Implementar correctamente esta técnica ayuda a proteger la información de los usuarios y a mitigar riesgos asociados con el robo o la exposición de contraseñas.

# AUTENTICACIÓN CON JWT (JSON WEB TOKENS)

La **autenticación con JSON Web Tokens (JWT)** es una estrategia ampliamente utilizada para verificar la identidad de los usuarios en aplicaciones web. Los JWT permiten la autenticación sin estado, lo que significa que el servidor no necesita mantener sesiones de usuario, ya que toda la información necesaria se almacena en el token. Este enfoque es ideal para aplicaciones distribuidas y escalables.

**1. ¿Qué es un JWT?**

- **Definición:**
  Un JWT es un token compacto, seguro y basado en JSON, que se utiliza para transmitir información de forma segura entre partes. Está formado por tres partes separadas por puntos: el **header** (encabezado), el **payload** (carga útil) y la **firma**.
- **Estructura del JWT:**
  - **Header:** Especifica el algoritmo de firma y el tipo de token (por ejemplo, HS256 para HMAC SHA256).
  - **Payload:** Contiene la información (claims) del usuario, como su ID, roles y otros datos relevantes.

○ **Firma:** Se genera combinando el header y el payload con una clave secreta. Garantiza la integridad del token.

## 2. Instalación y Configuración

**Instalación:**

Para trabajar con JWT en una aplicación Express, se recomienda usar la librería jsonwebtoken. Instálala con:

```
npm install jsonwebtoken
```

## 3. Ejemplo Práctico de Emisión y Verificación de JWT

**Emisión de un Token:**

```javascript
const jwt = require('jsonwebtoken');
// Datos del usuario (payload)
const usuario = {
  id: 1,
  nombre: 'Juan Pérez',
  rol: 'admin'
};
// Clave secreta para firmar el token (esta clave debe
mantenerse segura)
const claveSecreta = 'miClaveSuperSecreta';
// Opciones del token, como tiempo de expiración
const opciones = {
  expiresIn: '1h' // El token expira en 1 hora
};
// Generar el token
```

```
const token = jwt.sign(usuario, claveSecreta, opciones);
console.log('Token generado:', token);
```

## Verificación de un Token:

```
// Middleware para verificar el token en solicitudes
protegidas
function autenticarToken(req, res, next) {
  const token = req.headers['authorization']?.split(' ')[1]; //
Suponiendo que se envía como "Bearer <token>"
  if (!token) {
    return res.status(401).json({ mensaje: 'Acceso
denegado: Token no proporcionado' });
  }
  jwt.verify(token, claveSecreta, (err, datosUsuario) => {
    if (err) {
      return res.status(403).json({ mensaje: 'Token
inválido o expirado' });
    }
    // Agregar la información del usuario al objeto de
solicitud
    req.usuario = datosUsuario;
    next();
  });
}
// Ejemplo de ruta protegida
const express = require('express');
```

```
const app = express();

app.get('/ruta-protegida', autenticarToken, (req, res) => {
  res.json({ mensaje: 'Acceso concedido', usuario: req.usuario });
});

const PORT = 3000;

app.listen(PORT, () => console.log(`Servidor corriendo en el puerto ${PORT}`));
```

**4. Beneficios del Uso de JWT**

- **Sin Estado:**
  No es necesario almacenar la sesión del usuario en el servidor, lo que simplifica la escalabilidad.
- **Seguridad:**
  Los tokens están firmados digitalmente, lo que permite detectar manipulaciones y asegurar la integridad de la información.
- **Flexibilidad:**
  Los JWT pueden incluir datos adicionales (claims) necesarios para la autorización y control de acceso, facilitando la implementación de roles y permisos.

En resumen, la autenticación con JWT es una solución robusta y flexible para asegurar el acceso a las rutas de una aplicación Express. Al emitir y verificar tokens de manera adecuada, se garantiza que solo los usuarios autenticados y autorizados puedan acceder a recursos protegidos, mejorando significativamente la seguridad de la aplicación.

# PROTECCIÓN DE RUTAS Y

# CONTROL DE ACCESO

La protección de rutas y el control de acceso son esenciales para garantizar que solo usuarios autenticados y autorizados puedan acceder a ciertos recursos de la aplicación. Esto se logra combinando middleware de autenticación (como el que verifica JWT) con lógicas de autorización que determinan qué usuarios pueden realizar acciones específicas.

## 1. Estrategia de Protección de Rutas

- **Middleware de Autenticación:**
  Utiliza un middleware (como el ejemplo anterior de autenticarToken) para verificar que el usuario tenga un token válido antes de permitir el acceso a rutas protegidas.

- **Control de Acceso Basado en Roles:**
  Una vez autenticado el usuario, se puede implementar un middleware adicional que revise los roles o permisos contenidos en el token (o en la base de datos) para autorizar el acceso a determinados endpoints.

## 2. Ejemplo Práctico

Imagina que tienes rutas reservadas para administradores y otras para usuarios generales. Puedes crear un middleware de autorización que verifique el rol del usuario:

```
// Middleware para verificar el rol del usuario
function autorizarRoles(...rolesPermitidos) {
  return (req, res, next) => {
    const { rol } = req.usuario; // Se supone que
```

'req.usuario' se define en el middleware de autenticación

```
if (!rolesPermitidos.includes(rol)) {

    return res.status(403).json({ mensaje: 'Acceso
denegado: No tienes los permisos necesarios' });

  }

  next();

 };

}

const express = require('express');

const app = express();

// Middleware de autenticación (ejemplo simplificado)

function autenticarToken(req, res, next) {

  // Lógica para verificar el token y asignar 'req.usuario'

  // En un escenario real, se utilizaría jwt.verify() aquí

  const token = req.headers['authorization']?.split(' ')[1];

  if (!token) {

    return res.status(401).json({ mensaje: 'Acceso
denegado: Token no proporcionado' });

  }

  // Simulación: token válido y usuario decodificado

  req.usuario = { id: 1, nombre: 'Juan Pérez', rol: 'admin' };

  next();

}

// Ruta accesible solo para administradores
```

```
app.get('/admin',                     autenticarToken,
autorizarRoles('admin'), (req, res) => {

  res.json({ mensaje: 'Bienvenido, administrador' });

});

// Ruta accesible para administradores y usuarios

app.get('/perfil', autenticarToken, autorizarRoles('admin',
'usuario'), (req, res) => {

  res.json({ mensaje: 'Acceso al perfil del usuario', usuario:
req.usuario });

});

const PORT = 3000;

app.listen(PORT, () => console.log(`Servidor corriendo en
el puerto ${PORT}`));
```

## 3. Beneficios del Control de Acceso

- **Seguridad Mejorada:**
  Solo los usuarios con los roles o permisos necesarios pueden acceder a rutas sensibles, reduciendo el riesgo de acceso no autorizado.

- **Flexibilidad:**
  Permite definir diferentes niveles de acceso para distintos grupos de usuarios, adaptándose a las necesidades específicas de la aplicación.

- **Mantenimiento Centralizado:**
  Al usar middleware para la autorización, el control de acceso se centraliza y facilita futuras modificaciones o ampliaciones en la política de seguridad.

En resumen, la protección de rutas y el control de acceso son prácticas fundamentales en el desarrollo seguro de aplicaciones Express. Implementar middleware de autenticación junto con controles basados en roles garantiza que los recursos sensibles estén disponibles únicamente para usuarios autorizados, reforzando la seguridad general de la aplicación.

# SEGURIDAD EN EXPRESS: HELMET, CORS Y SANITIZACIÓN DE DATOS

Además de la autenticación y el control de acceso, es crucial fortalecer la seguridad de tu aplicación Express mediante la implementación de prácticas y herramientas específicas. Entre las más comunes se encuentran Helmet, CORS y la sanitización de datos.

## 1. Helmet

- **Definición:**
  Helmet es un middleware para Express que ayuda a proteger la aplicación configurando diversas cabeceras HTTP. Estas cabeceras contribuyen a mitigar vulnerabilidades conocidas como ataques XSS, clickjacking, y otros.

**Implementación Básica:**

```
const express = require('express');

const helmet = require('helmet');

const app = express();

// Aplicar Helmet a todas las solicitudes

app.use(helmet());


app.get('/', (req, res) => {
```

```
res.send('Aplicación segura con Helmet');
});
const PORT = 3000;
app.listen(PORT, () => console.log(`Servidor corriendo en el puerto ${PORT}`));
```

## 2. CORS (Cross-Origin Resource Sharing)

- **Definición:**
  CORS es un mecanismo que permite o restringe las solicitudes de recursos entre diferentes dominios. Por defecto, los navegadores bloquean solicitudes a dominios distintos, pero en aplicaciones API es común permitirlas.

**Implementación con el Middleware de CORS:**

```
const cors = require('cors');
// Configuración básica: Permite todas las solicitudes de origen cruzado
app.use(cors());
// Configuración avanzada: Permitir solo ciertos orígenes
/*
app.use(cors({
  origin: 'https://mi-dominio-permitido.com'
}));
*/
```

## 3. Sanitización de Datos

- **Definición:**
  La sanitización de datos implica limpiar y

normalizar la entrada del usuario para prevenir ataques como la inyección de SQL o XSS. Esto se puede lograr utilizando bibliotecas como express-validator o sanitize-html.

**Ejemplo con express-validator:**

```
const { body } = require('express-validator');

app.post('/comentarios', [
  // Validar y sanitizar el campo 'comentario'
  body('comentario')
    .trim() // Elimina espacios en blanco al inicio y al final
    .escape() // Convierte caracteres peligrosos en entidades HTML
    .notEmpty().withMessage('El comentario no puede estar vacío')
], (req, res) => {
  // Procesar la solicitud
  res.json({ mensaje: 'Comentario recibido y sanitizado' });
});
```

**Conclusión**

Implementar medidas de seguridad como Helmet, CORS y la sanitización de datos es fundamental para proteger una aplicación Express contra vulnerabilidades comunes. Estas herramientas ayudan a:

- Configurar cabeceras HTTP que refuercen la seguridad.
- Gestionar solicitudes entre dominios de manera controlada.

- Limpiar la entrada del usuario, reduciendo el riesgo de inyección de código malicioso.

Al combinar estas prácticas con una correcta autenticación y control de acceso, se consigue un entorno robusto y seguro para el desarrollo de aplicaciones web.

# CAPÍTULO 7: INTRODUCCIÓN A LAS BASES DE DATOS

En el desarrollo de aplicaciones backend, la gestión de datos es un aspecto fundamental. Este capítulo te introducirá a los conceptos básicos sobre bases de datos, explorando las diferencias entre bases de datos SQL y NoSQL, el modelado de datos y las relaciones, y cómo elegir la base de datos adecuada según las necesidades de tu proyecto.

## BASES DE DATOS SQL VS NOSQL

Las bases de datos se pueden clasificar en dos grandes categorías: **SQL (relacionales)** y **NoSQL (no relacionales)**. Cada tipo tiene sus propias características, ventajas y desventajas, y la elección entre uno u otro depende del caso de uso y los requerimientos del proyecto.

### Bases de Datos SQL

- **Definición:**
  Las bases de datos SQL utilizan un modelo relacional en el que los datos se almacenan en tablas con filas y columnas. Cada tabla representa una entidad y las relaciones entre ellas se establecen mediante claves

primarias y foráneas.

- **Características:**
  - ○    **Estructura Fija:** El esquema se define de antemano, lo que garantiza la integridad y consistencia de los datos.
  - ○    **Lenguaje Estandarizado:** Se utiliza SQL (Structured Query Language) para definir y manipular datos.
  - ○    **Relaciones:** Soporta relaciones complejas entre tablas (uno a uno, uno a muchos, muchos a muchos).
  - ○    **Transacciones:** Ofrece soporte robusto para transacciones que aseguran la atomicidad, consistencia, aislamiento y durabilidad (ACID).
- **Ejemplos:**
  MySQL, PostgreSQL, Oracle, Microsoft SQL Server.

## Bases de Datos NoSQL

- **Definición:**
  Las bases de datos NoSQL están diseñadas para manejar grandes volúmenes de datos no estructurados o semiestructurados. No siguen un esquema fijo y ofrecen mayor flexibilidad en la forma de almacenar y consultar información.
- **Características:**
  - ○    **Esquema Flexible:** Permiten almacenar datos en formatos variados, como documentos JSON, grafos o pares clave-valor.
  - ○    **Escalabilidad Horizontal:** Son ideales para aplicaciones que requieren escalabilidad a través de múltiples servidores.
  - ○    **Rendimiento:** Suelen ofrecer un rendimiento muy alto para operaciones de lectura/escritura

en escenarios distribuidos.

- o **Menor Consistencia:** Algunas bases de datos NoSQL sacrifican la consistencia inmediata (modelo BASE) en favor de la disponibilidad y particionamiento.
- **Ejemplos:** MongoDB, Cassandra, Redis, CouchDB.

## Comparación General

| Característica | Bases de Datos SQL | Bases de Datos NoSQL |
|---|---|---|
| Esquema | Estructura fija, definido por antemano | Flexible, sin esquema predefinido |
| Relaciones | Fuertes relaciones y normalización | Relaciones más simples o embebidas |
| Escalabilidad | Vertical (mejora del hardware) | Horizontal (distribución en varios nodos) |
| Transacciones | ACID | Eventual consistency, BASE |
| Consultas | SQL estandarizado | Lenguajes propios o APIs específicas |

# MODELADO DE DATOS Y RELACIONES

El **modelado de datos** es el proceso de diseñar la estructura de una base de datos de manera que represente de forma precisa la información y las relaciones entre las distintas entidades de un sistema.

## Conceptos Clave

- **Entidades:**
  Representan objetos o conceptos del mundo real (por ejemplo, usuarios, productos, pedidos). Cada entidad se traduce en una tabla (en bases de datos SQL) o en un documento (en bases de datos NoSQL).
- **Atributos:**
  Son las propiedades o características de una entidad. Por ejemplo, un usuario puede tener atributos como nombre, email y fecha de nacimiento.
- **Relaciones:**
  Describen cómo se conectan o asocian las entidades entre sí.
  - **Uno a Uno (1:1):** Cada registro de una entidad se relaciona con un único registro de otra entidad.
  - **Uno a Muchos (1:N):** Un registro de una entidad se relaciona con varios registros de otra.
  - **Muchos a Muchos (N:M):** Varios registros de una entidad se relacionan con varios registros de otra. Esto generalmente requiere una tabla intermedia en bases de datos relacionales.

## Proceso de Modelado

1. **Identificación de Entidades y Relaciones:**
   Analiza los requerimientos del sistema para identificar las entidades principales y cómo se relacionan entre ellas.
2. **Normalización (en SQL):**
   Es el proceso de organizar los datos para reducir la redundancia y mejorar la integridad. Implica dividir tablas en entidades más pequeñas y definir relaciones claras entre ellas.

3. **Denormalización (en NoSQL):**
En algunos casos, especialmente en bases de datos NoSQL, puede ser conveniente duplicar información (denormalización) para mejorar el rendimiento en consultas, a costa de una mayor complejidad en la actualización de datos.

## Ejemplo: Modelado de un Sistema de Gestión de Usuarios

- **Entidades Identificadas:**
  - **Usuarios:** con atributos como id, nombre, email y contraseña.
  - **Perfiles:** que pueden contener detalles adicionales y preferencias del usuario.
- **Relación:**
Una relación uno a uno entre **Usuarios** y **Perfiles**. En una base de datos SQL, esto podría implementarse dividiendo la información en dos tablas y vinculándolas mediante la clave primaria del usuario.

# ELECCIÓN DE LA BASE DE DATOS ADECUADA SEGÚN EL PROYECTO

Seleccionar la base de datos correcta depende de varios factores relacionados con el proyecto, como la naturaleza de los datos, el rendimiento, la escalabilidad y los requerimientos de integridad.

## Factores a Considerar

- **Estructura de los Datos:**
  - Si tus datos tienen una estructura fija y relaciones complejas, una base de datos SQL es

generalmente la mejor opción.

- o    Si necesitas manejar datos semiestructurados o no estructurados y requieres flexibilidad, una base de datos NoSQL puede ser más adecuada.
- **Escalabilidad:**
  - o    Proyectos con alta demanda y crecimiento rápido pueden beneficiarse de la escalabilidad horizontal que ofrecen muchas bases de datos NoSQL.
  - o    Para aplicaciones con volúmenes de datos moderados y menos dinámicos, una base de datos SQL puede ser suficiente.
- **Rendimiento y Latencia:**
  - o    Las operaciones de lectura/escritura masivas y distribuidas pueden ser mejor gestionadas por bases de datos NoSQL optimizadas para rendimiento.
  - o    Si la coherencia y transacciones complejas son críticas, las bases de datos SQL con soporte ACID son preferibles.
- **Complejidad del Desarrollo y Mantenimiento:**
  - o    La madurez y el ecosistema de las bases de datos SQL pueden facilitar el desarrollo en entornos donde la integridad de los datos es primordial.
  - o    Por otro lado, la flexibilidad de las bases de datos NoSQL puede simplificar el desarrollo cuando los requisitos cambian rápidamente.

## Ejemplos de Escenarios

- **Aplicaciones Financieras:**
  Requieren integridad y transacciones ACID; una base de datos SQL como PostgreSQL es ideal.
- **Redes Sociales o Aplicaciones de Mensajería:**

Manejan grandes volúmenes de datos no estructurados y requieren escalabilidad horizontal; bases de datos NoSQL como MongoDB o Cassandra son opciones populares.

- **Sistemas de Gestión de Contenido (CMS):** Dependiendo de la estructura y del volumen de contenido, pueden optar por una base de datos SQL para relaciones complejas o NoSQL para flexibilidad y rendimiento.

# Conclusión

El entendimiento de las bases de datos, desde la diferencia entre SQL y NoSQL hasta el modelado de datos y la elección del sistema adecuado, es crucial para construir aplicaciones robustas y escalables. La decisión debe basarse en un análisis detallado de las necesidades del proyecto, el tipo y volumen de datos que se manejarán, y las expectativas de crecimiento y rendimiento. Al dominar estos conceptos, estarás mejor preparado para diseñar soluciones de almacenamiento de datos que sean seguras, eficientes y alineadas con los objetivos de tu aplicación.

# CAPÍTULO 8: MONGODB CON MONGOOSE

En este capítulo exploraremos **MongoDB**, una base de datos NoSQL ampliamente utilizada, y **Mongoose**, una biblioteca de modelado de datos que facilita la interacción con MongoDB desde Node.js. Aprenderemos a instalar y conectar MongoDB (ya sea localmente o usando MongoDB Atlas), a definir modelos y esquemas, a realizar operaciones CRUD (Crear, Leer, Actualizar y Eliminar) y a implementar paginación y filtros avanzados.

## 1. INSTALACIÓN Y CONEXIÓN CON MONGODB ATLAS O LOCAL

### Instalación

- **MongoDB Local:**
  Puedes descargar e instalar MongoDB Community Server desde mongodb.com e iniciarlo en tu máquina.
- **MongoDB Atlas:**
  Es una solución en la nube que ofrece MongoDB como servicio. Regístrate en MongoDB Atlas y crea un clúster gratuito para obtener tu cadena de conexión.

### Instalación de Mongoose

Instala Mongoose en tu proyecto con npm:

```
npm install mongoose
```

## Conexión a MongoDB

Con Mongoose, conecta tu aplicación a MongoDB utilizando la cadena de conexión. Puedes usar una base de datos local o la cadena proporcionada por MongoDB Atlas.

```
const mongoose = require('mongoose');

const URI = process.env.MONGODB_URI || 'mongodb://localhost:27017/mi_base_de_datos';

mongoose.connect(URI, {
  useNewUrlParser: true,
  useUnifiedTopology: true,
})
.then(() => console.log('Conexión a MongoDB establecida'))
.catch((err) => console.error('Error conectando a MongoDB:', err));
```

# 2. MODELOS Y ESQUEMAS CON MONGOOSE

Mongoose utiliza **esquemas** para definir la estructura de los documentos y **modelos** para interactuar con ellos. Esto te permite definir validaciones, tipos de datos y comportamientos personalizados para tus datos.

## Definir un Esquema

Ejemplo: Crear un esquema para un modelo "Usuario":

```
const { Schema, model } = require('mongoose');
const usuarioSchema = new Schema({
  nombre: { type: String, required: true },
  email: { type: String, required: true, unique: true },
  edad: { type: Number, min: 0 },
  fechaCreacion: { type: Date, default: Date.now },
});
// Crear el modelo basado en el esquema
const Usuario = model('Usuario', usuarioSchema);
module.exports = Usuario;
```

## Características de los Esquemas

- **Validaciones:** Se puede definir que ciertos campos sean obligatorios, tengan valores únicos o cumplan con condiciones específicas.
- **Valores por Defecto:** Permiten asignar valores predeterminados a los campos.
- **Métodos y Hooks:** Puedes agregar métodos personalizados o hooks (pre/post) para ejecutar lógica antes o después de ciertas operaciones.

# 3. CRUD EN MONGODB CON MONGOOSE

Una vez definido el modelo, puedes realizar operaciones CRUD (Crear, Leer, Actualizar y Eliminar) de manera sencilla.

## Crear (Create)

```
const Usuario = require('./models/usuario');
async function crearUsuario() {
  try {
    const nuevoUsuario = new Usuario({
      nombre: 'Ana García',
      email: 'ana@example.com',
      edad: 28,
    });
    const usuarioGuardado = await nuevoUsuario.save();
    console.log('Usuario creado:', usuarioGuardado);
  } catch (error) {
    console.error('Error creando usuario:', error);
  }
}
crearUsuario();
```

## Leer (Read)

- **Obtener todos los usuarios:**

```
async function obtenerUsuarios() {
  try {
    const usuarios = await Usuario.find();
    console.log('Usuarios encontrados:', usuarios);
```

```
  } catch (error) {
    console.error('Error obteniendo usuarios:', error);
  }
}
obtenerUsuarios();
```

- **Obtener un usuario por ID:**

```
async function obtenerUsuarioPorId(id) {
  try {
    const usuario = await Usuario.findById(id);
    console.log('Usuario encontrado:', usuario);
  } catch (error) {
    console.error('Error obteniendo usuario:', error);
  }
}
```

## Actualizar (Update)

```
async function actualizarUsuario(id, nuevosDatos) {
  try {
    const usuarioActualizado = await Usuario.findByIdAndUpdate(id, nuevosDatos, { new: true });
    console.log('Usuario actualizado:', usuarioActualizado);
```

```
} catch (error) {
    console.error('Error actualizando usuario:', error);
  }
}
```

## Eliminar (Delete)

```
async function eliminarUsuario(id) {
  try {
    const resultado = await Usuario.findByIdAndDelete(id);
    console.log('Usuario eliminado:', resultado);
  } catch (error) {
    console.error('Error eliminando usuario:', error);
  }
}
```

# 4. PAGINACIÓN Y FILTROS AVANZADOS

Para manejar grandes volúmenes de datos, la paginación y los filtros avanzados son esenciales.

## Paginación

La paginación te permite dividir los resultados en páginas. Por ejemplo, usando limit y skip:

```
async function obtenerUsuariosPaginados(page = 1, limit = 10) {
  try {
```

```
const skip = (page - 1) * limit;

const usuarios = await
Usuario.find().skip(skip).limit(limit);

console.log(`Usuarios de la página ${page}:`,
usuarios);

} catch (error) {

console.error('Error en la paginación:', error);

}

}

obtenerUsuariosPaginados(2, 5); // Página 2, 5 usuarios
por página
```

## Filtros Avanzados

Puedes aplicar filtros usando condiciones en las
consultas. Por ejemplo, buscar usuarios por edad:

```
async function filtrarUsuariosPorEdad(minEdad,
maxEdad) {

try {

const usuarios = await Usuario.find({

edad: { $gte: minEdad, $lte: maxEdad },

});

console.log(`Usuarios entre ${minEdad} y $
{maxEdad} años:`, usuarios);

} catch (error) {

console.error('Error aplicando filtros:', error);
```

```
    }
  }
filtrarUsuariosPorEdad(20, 30);
```

Además, puedes combinar múltiples filtros y opciones de ordenamiento:

```
async function buscarUsuariosAvanzado({ nombre,
edadMin, edadMax, page = 1, limit = 10 }) {
  try {
    const query = {};
    if (nombre) {
      query.nombre = new RegExp(nombre, 'i'); //
Búsqueda insensible a mayúsculas/minúsculas
    }
    if (edadMin !== undefined && edadMax !== undefined)
{
      query.edad = { $gte: edadMin, $lte: edadMax };
    }
    const skip = (page - 1) * limit;
    const usuarios = await Usuario.find(query)
                    .skip(skip)
                    .limit(limit)
                    .sort({ fechaCreacion: -1 }); //
Ordenar de más reciente a más antiguo
    console.log('Usuarios encontrados:', usuarios);
```

```
  } catch (error) {

    console.error('Error en búsqueda avanzada:', error);

  }

}

buscarUsuariosAvanzado({ nombre: 'Ana', edadMin: 20,
edadMax: 35, page: 1, limit: 5 });
```

## Conclusión

MongoDB y Mongoose forman una combinación poderosa para gestionar datos en aplicaciones Node.js. Con Mongoose, puedes definir esquemas claros, realizar operaciones CRUD de manera sencilla y aplicar técnicas avanzadas como paginación y filtros para optimizar el rendimiento de tus consultas. Este capítulo te brinda las herramientas necesarias para integrar y manipular MongoDB eficazmente, adaptándote tanto a entornos de desarrollo local como a soluciones en la nube como MongoDB Atlas

# CAPÍTULO 9: POSTGRESQL Y SEQUELIZE

En este capítulo exploraremos **PostgreSQL**, una de las bases de datos SQL más potentes y versátiles, junto con **Sequelize**, un ORM (Object-Relational Mapping) que facilita la interacción con bases de datos SQL en aplicaciones Node.js. Aprenderemos a instalar y configurar PostgreSQL, a introducirnos en Sequelize, a crear modelos y migraciones, y a realizar consultas SQL a través de este ORM.

## 1. INSTALACIÓN Y CONFIGURACIÓN DE POSTGRESQL

### Instalación

- **PostgreSQL Local:**
  Puedes descargar PostgreSQL desde su sitio oficial postgresql.org e instalarlo en tu máquina. Durante la instalación, se te solicitará configurar una contraseña para el usuario postgres y establecer otros parámetros básicos.
- **Herramientas de Gestión:**
  Herramientas como **pgAdmin** o **DBeaver** pueden ayudarte a gestionar visualmente tus bases de datos,

crear tablas y ejecutar consultas.

## Configuración Básica

Una vez instalado PostgreSQL:

**Crear una Base de Datos:**
Desde la terminal o pgAdmin, crea una base de datos para tu proyecto. Por ejemplo, usando la terminal:

```
psql -U postgres
CREATE DATABASE mi_base_de_datos;
\q
```

1.
2. **Conexión desde Node.js:**
   En tu proyecto, necesitarás la cadena de conexión con la información de host, puerto, base de datos, usuario y contraseña.

# 2. INTRODUCCIÓN A SEQUELIZE (ORM PARA SQL)

**Sequelize** es un ORM que permite interactuar con bases de datos SQL de manera intuitiva utilizando JavaScript. Con Sequelize, puedes definir modelos que representan tablas, gestionar relaciones y realizar operaciones CRUD sin escribir consultas SQL manualmente.

## Instalación

Instala Sequelize y el paquete de PostgreSQL:

```
npm install sequelize pg pg-hstore
```

- **sequelize:** El ORM en sí.

- **pg:** El driver para PostgreSQL.
- **pg-hstore:** Un paquete requerido para el manejo de datos JSON en PostgreSQL.

## Configuración Básica

Configura Sequelize creando una instancia que se conecte a tu base de datos:

```
const { Sequelize } = require('sequelize');

// Configuración de la conexión
const sequelize = new Sequelize('mi_base_de_datos', 'postgres', 'tu_contraseña', {
  host: 'localhost',
  dialect: 'postgres',
});

(async () => {
  try {
    await sequelize.authenticate();
    console.log('Conexión a PostgreSQL establecida exitosamente.');
  } catch (error) {
    console.error('Error conectando a PostgreSQL:', error);
  }
})();
```

# 3. CREACIÓN DE MODELOS Y MIGRACIONES

## Definir un Modelo

Un modelo en Sequelize representa una tabla en la base de datos. Por ejemplo, definamos un modelo para "Usuario":

```
const { DataTypes } = require('sequelize');

const Usuario = sequelize.define('Usuario', {
  nombre: {
    type: DataTypes.STRING,
    allowNull: false,
  },
  email: {
    type: DataTypes.STRING,
    allowNull: false,
    unique: true,
  },
  edad: {
    type: DataTypes.INTEGER,
    allowNull: true,
  },
}, {
  // Opciones adicionales (por ejemplo, nombres de
tablas, timestamps, etc.)
  tableName: 'usuarios',
  timestamps: true,
});

module.exports = Usuario;
```

## Migraciones

Las migraciones son scripts que permiten versionar y gestionar cambios en el esquema de la base de datos. Con Sequelize CLI, puedes crear migraciones de forma sencilla.

### Instalación de Sequelize CLI:

```
npm install --save-dev sequelize-cli
```

### Inicializar Sequelize CLI:

bash
Copiar

```
npx sequelize-cli init
```

Esto creará carpetas como models, migrations y config.

**Crear una Migración:**
Por ejemplo, para crear la tabla usuarios:

```
npx sequelize-cli migration:generate --name create-usuarios
```

Luego, edita el archivo generado en la carpeta migrations para definir las columnas:

```
'use strict';

module.exports = {
  up: async (queryInterface, Sequelize) => {
    await queryInterface.createTable('usuarios', {
      id: {
        allowNull: false,
        autoIncrement: true,
        primaryKey: true,
        type: Sequelize.INTEGER,
      },
      nombre: {
        type: Sequelize.STRING,
        allowNull: false,
      },
      email: {
        type: Sequelize.STRING,
        allowNull: false,
        unique: true,
      },
      edad: {
        type: Sequelize.INTEGER,
        allowNull: true,
```

```
    },
    createdAt: {
      allowNull: false,
      type: Sequelize.DATE,
    },
    updatedAt: {
      allowNull: false,
      type: Sequelize.DATE,
    },
  });
},

down: async (queryInterface, Sequelize) => {
  await queryInterface.dropTable('usuarios');
},
};
```

**Ejecutar la Migración:**

```
npx sequelize-cli db:migrate
```

# 4. CONSULTAS SQL CON SEQUELIZE

Sequelize ofrece una sintaxis intuitiva para realizar operaciones CRUD y consultas complejas sin necesidad de escribir SQL de forma explícita.

## Operaciones CRUD Básicas
**Crear:**

```
async function crearUsuario() {
  try {
    const nuevoUsuario = await Usuario.create({
      nombre: 'Carlos López',
      email: 'carlos@example.com',
      edad: 35,
    });
```

```
    console.log('Usuario creado:', nuevoUsuario.toJSON());
  } catch (error) {
    console.error('Error creando usuario:', error);
  }
}
crearUsuario();
```

**Leer:**
Obtener todos los usuarios:

```
async function obtenerUsuarios() {
  try {
    const usuarios = await Usuario.findAll();
    console.log('Usuarios encontrados:', usuarios);
  } catch (error) {
    console.error('Error obteniendo usuarios:', error);
  }
}
obtenerUsuarios();
```

Obtener un usuario por condición:

```
async function obtenerUsuarioPorEmail(email) {
  try {
    const usuario = await Usuario.findOne({ where:
{ email } });
    console.log('Usuario encontrado:', usuario);
  } catch (error) {
    console.error('Error obteniendo usuario:', error);
  }
}
obtenerUsuarioPorEmail('carlos@example.com');
```

**Actualizar:**

```
async function actualizarUsuario(id, nuevosDatos) {
```

```
  try {
    const resultado = await Usuario.update(nuevosDatos,
{ where: { id } });
    console.log('Resultado de la actualización:', resultado);
  } catch (error) {
    console.error('Error actualizando usuario:', error);
  }
}
actualizarUsuario(1, { edad: 36 });
```

**Eliminar:**

```
async function eliminarUsuario(id) {
  try {
    const resultado = await Usuario.destroy({ where:
{ id } });
    console.log('Número de registros eliminados:',
resultado);
  } catch (error) {
    console.error('Error eliminando usuario:', error);
  }
}
eliminarUsuario(1);
```

## Consultas Avanzadas

Sequelize permite realizar consultas complejas mediante el uso de filtros, ordenamientos, paginación y relaciones entre modelos. Algunos ejemplos:

### Filtrar y Ordenar:

```
async function buscarUsuarios() {
  try {
    const usuarios = await Usuario.findAll({
      where: { edad: { [Sequelize.Op.gt]: 25 } }, // Usuarios
con edad mayor a 25
      order: [['nombre', 'ASC']],                 // Ordenar
```

```
alfabéticamente por nombre
  });
  console.log('Usuarios filtrados:', usuarios);
  } catch (error) {
    console.error('Error en búsqueda avanzada:', error);
  }
}
buscarUsuarios();
```

**Paginación:**

```
async function obtenerUsuariosPaginados(page = 1, limit
= 5) {
  try {
    const offset = (page - 1) * limit;
    const { rows: usuarios, count } = await
Usuario.findAndCountAll({
      offset,
      limit,
    });
    console.log(`Página ${page} de usuarios: `, usuarios);
    console.log(`Total de usuarios: ${count}`);
  } catch (error) {
    console.error('Error en paginación:', error);
  }
}
obtenerUsuariosPaginados(1, 5);
```

# Conclusión

PostgreSQL y Sequelize ofrecen una solución robusta
para el manejo de datos en aplicaciones Node.js.
Mientras PostgreSQL provee una base de datos SQL
potente y escalable, Sequelize simplifica la interacción
con ella mediante un enfoque orientado a objetos. Este
capítulo ha cubierto desde la instalación y configuración

de PostgreSQL, pasando por la definición de modelos y migraciones, hasta la ejecución de consultas y operaciones CRUD, sentando las bases para desarrollar aplicaciones seguras y eficientes con bases de datos relacionales.

# CAPÍTULO 10: ARQUITECTURA DE APLICACIONES BACKEND

En este capítulo exploraremos los diferentes enfoques arquitectónicos en el desarrollo backend, desde las aplicaciones monolíticas hasta los microservicios. También veremos los principios **SOLID**, que ayudan a escribir código limpio y mantenible, y algunos **patrones de diseño** utilizados en el desarrollo backend, como MVC y Repository Pattern.

## 1. MONOLITOS VS MICROSERVICIOS

El diseño de la arquitectura de una aplicación backend es crucial para su escalabilidad, mantenibilidad y rendimiento. Los dos enfoques más utilizados son **monolitos** y **microservicios**.

### 1.1. Aplicaciones Monolíticas

Una aplicación monolítica es un sistema donde todos los componentes están integrados en una única aplicación.

**Ventajas:**

- Más fácil de desarrollar y desplegar en sus primeras etapas.

- Menos complejidad en la comunicación entre componentes.
- Menor sobrecarga operativa, ya que no requiere coordinación entre múltiples servicios.

**Desventajas:**

- Difícil de escalar horizontalmente, ya que toda la aplicación se debe replicar.
- Cambios en una parte pueden afectar a toda la aplicación.
- Mantenimiento complicado conforme el código crece.

## 1.2. Arquitectura de Microservicios

Los **microservicios** dividen la aplicación en múltiples servicios independientes que se comunican entre sí mediante APIs. Cada servicio se encarga de una funcionalidad específica (por ejemplo, autenticación, pagos, productos, etc.).

**Ventajas:**

- Mejor escalabilidad: cada servicio puede escalarse de forma independiente.
- Mayor facilidad para actualizar y mantener diferentes partes del sistema sin afectar el resto.
- Uso de diferentes tecnologías en distintos servicios.

**Desventajas:**

- Mayor complejidad en la comunicación entre servicios.
- Requiere una estrategia de despliegue más avanzada.
- Mayor sobrecarga operativa y de infraestructura.

## 1.3. Cuándo Usar Cada Arquitectura

| Característica | Monolito | Microservicios |
| --- | --- | --- |
| **Tamaño del equipo** | Pequeño | Grande |
| **Complejidad** | Baja | Alta |
| **Escalabilidad** | Limitada | Alta |
| **Mantenimiento** | Difícil a largo plazo | Modular y flexible |
| **Coste inicial** | Bajo | Alto |

En general, las aplicaciones pequeñas o medianas suelen empezar con una arquitectura monolítica y, a medida que crecen, pueden migrar gradualmente a microservicios.

# 2. PRINCIPIOS SOLID EN BACKEND

Los principios **SOLID** son un conjunto de reglas para escribir código modular, mantenible y flexible. Estos principios son fundamentales en el desarrollo backend para evitar código desorganizado y difícil de modificar.

## 2.1. Principio de Responsabilidad Única (SRP - Single Responsibility Principle)

Cada clase o módulo debe tener **una única razón para cambiar**.

**Ejemplo Incorrecto (violando SRP):**

```
class UsuarioService {

  crearUsuario(datos) { /* lógica de creación */ }
```

```
validarUsuario(datos) { /* lógica de validación */ }

enviarCorreoBienvenida(email) { /* lógica de envío de
correo */ }

}
```

**Ejemplo Correcto (siguiendo SRP):**

```
class UsuarioService {

  crearUsuario(datos) { /* lógica de creación */ }

}
class ValidacionService {

  validarUsuario(datos) { /* lógica de validación */ }

}
class CorreoService {

  enviarCorreoBienvenida(email) { /* lógica de envío de
correo */ }

}
```

## 2.2. Principio de Abierto/Cerrado (OCP - Open/Closed Principle)

El código debe estar **abierto para extensión, pero cerrado para modificación.**

**Ejemplo Incorrecto (violando OCP):**

```
class PagoService {

  procesarPago(metodo, cantidad) {

    if (metodo === 'PayPal') { /* lógica de PayPal */ }
```

```
   else if (metodo === 'Tarjeta') { /* lógica de tarjeta */ }
  }
}
```

**Ejemplo Correcto (siguiendo OCP con polimorfismo):**

```
class Pago {
  procesar(cantidad) {}
}
class PagoPayPal extends Pago {
  procesar(cantidad) { /* lógica de PayPal */ }
}
class PagoTarjeta extends Pago {
  procesar(cantidad) { /* lógica de Tarjeta */ }
}
```

## 2.3. Principio de Sustitución de Liskov (LSP - Liskov Substitution Principle)

Las clases derivadas deben poder sustituir a sus clases base sin alterar el comportamiento esperado.

**Ejemplo Incorrecto (violando LSP):**

```
class Animal {
  hacerSonido() { return 'Hace un sonido'; }
}
class Perro extends Animal {
```

```
  hacerSonido() { return 'Ladra'; }
}
class Pez extends Animal {
  hacerSonido() { throw new Error('Un pez no hace
sonido'); } // ⬜
}
```

**Ejemplo Correcto (siguiendo LSP):**

```
class Animal {}
class AnimalConSonido extends Animal {
  hacerSonido() {}
}
class Perro extends AnimalConSonido {
  hacerSonido() { return 'Ladra'; }
}
```

## 2.4. Principio de Segregación de Interfaces (ISP - Interface Segregation Principle)

Las interfaces deben ser específicas y no forzar a las clases a implementar métodos innecesarios.

## 2.5. Principio de Inversión de Dependencias (DIP - Dependency Inversion Principle)

Los módulos de alto nivel no deben depender de módulos de bajo nivel, sino de abstracciones.

# 3. PATRONES DE DISEÑO EN BACKEND

## 3.1. Patrón MVC (Model-View-Controller)

Este patrón divide la aplicación en tres capas:

- **Modelo:** Maneja los datos y la lógica del negocio.
- **Vista:** Presenta la información al usuario.
- **Controlador:** Gestiona las solicitudes y respuestas.

**Ejemplo en Express.js:**

```js
// Modelo (models/Usuario.js)
class Usuario {
  constructor(nombre, email) {
    this.nombre = nombre;
    this.email = email;
  }
}
// Controlador (controllers/usuarioController.js)
const Usuario = require('../models/Usuario');
exports.crearUsuario = (req, res) => {
  const usuario = new Usuario(req.body.nombre, req.body.email);
  res.json(usuario);
};
// Ruta (routes/usuarios.js)
const express = require('express');
```

```
const router = express.Router();
```

```
const usuarioController = require('../controllers/
usuarioController');
```

```
router.post('/usuarios', usuarioController.crearUsuario);
```

```
module.exports = router;
```

## 3.2. Repository Pattern

Este patrón separa la lógica de acceso a datos del resto de la aplicación.

**Ejemplo en Node.js con Sequelize:**

```
// Repositorio de Usuario
class UsuarioRepository {
  constructor(model) {
    this.model = model;
  }
  async crearUsuario(datos) {
    return await this.model.create(datos);
  }
  async obtenerUsuarios() {
    return await this.model.findAll();
  }
}
// Uso del repositorio
const Usuario = require('../models/Usuario');
```

```
const usuarioRepo = new UsuarioRepository(Usuario);
usuarioRepo.crearUsuario({ nombre: 'Carlos', email: 'carlos@example.com' });
```

## Conclusión

La arquitectura de backend es un pilar fundamental en el desarrollo de aplicaciones escalables y mantenibles. En este capítulo hemos explorado los enfoques **monolítico vs. microservicios**, los principios **SOLID**, que ayudan a escribir mejor código, y algunos patrones de diseño como **MVC y Repository Pattern**. Aplicar estos conceptos correctamente te permitirá desarrollar sistemas backend más eficientes y modulares.

# CAPÍTULO 11: DESPLIEGUE Y ESCALABILIDAD

El despliegue y la escalabilidad son aspectos fundamentales en el desarrollo backend. Un buen despliegue permite que la aplicación esté disponible en línea de manera estable, mientras que una arquitectura escalable garantiza que pueda manejar más usuarios y tráfico sin afectar el rendimiento.

En este capítulo, exploraremos las diferentes opciones de **implementación en servidores cloud**, el uso de **Docker** para la portabilidad de entornos, el **balanceo de carga en Node.js** y las estrategias de **escalabilidad horizontal y vertical**.

## 1. IMPLEMENTACIÓN EN SERVIDORES CLOUD

Existen diversas plataformas cloud donde podemos desplegar nuestras aplicaciones backend. Algunas de las más utilizadas son **Heroku**, **Vercel** y **DigitalOcean**.

### 1.1. Despliegue en Heroku

Heroku es una plataforma **PaaS (Platform as a Service)** que simplifica el despliegue de aplicaciones sin necesidad de gestionar servidores manualmente.

**Pasos para desplegar una API Node.js en Heroku:**

**Instalar la CLI de Heroku**

npm install -g heroku

**Iniciar sesión en Heroku**

heroku login

**Inicializar un repositorio Git y configurar Heroku**

git init

heroku create mi-api

**Definir un archivo Procfile en la raíz del proyecto:**

web: node server.js

**Subir la aplicación a Heroku:**

git add .

git commit -m "Despliegue en Heroku"

git push heroku main

## 1.2. Despliegue en Vercel

Vercel está optimizado para aplicaciones frontend con Next.js, pero también soporta APIs con Node.js.

**Pasos para desplegar una API en Vercel:**

**Instalar la CLI de Vercel**

npm install -g vercel

**Ejecutar el asistente de configuración**

vercel

## 1.3. Despliegue en DigitalOcean

DigitalOcean es una plataforma cloud que permite configurar servidores VPS con control total.

**Pasos básicos:**

1. Crear un **droplet** en DigitalOcean.
2. Conectarse por SSH al servidor.
3. Instalar Node.js y configurar un proxy reverso con **NGINX**.
4. Usar **PM2** para ejecutar la aplicación en segundo plano.

# 2. USO DE DOCKER EN ENTORNOS DE BACKEND

**Docker** permite empaquetar una aplicación junto con sus dependencias en un contenedor, lo que facilita su despliegue en cualquier entorno.

## 2.1. Instalación de Docker

Para instalar Docker, sigue las instrucciones oficiales según tu sistema operativo:
➡ https://docs.docker.com/get-docker/

## 2.2. Crear un Dockerfile para una API Node.js

Crea un archivo Dockerfile en la raíz del proyecto:

dockerfile

```
# Usar una imagen base de Node.js
FROM node:18-alpine
```

```
# Establecer el directorio de trabajo
WORKDIR /app
# Copiar archivos al contenedor
COPY package.json package-lock.json ./
RUN npm install
COPY . .
# Exponer el puerto en el que corre la app
EXPOSE 3000
# Comando para ejecutar la app
CMD ["node", "server.js"]
```

## 2.3. Crear y ejecutar el contenedor

```
docker build -t mi-api .
docker run -p 3000:3000 mi-api
```

# 3. BALANCEO DE CARGA Y CLUSTERING EN NODE.JS

Cuando una aplicación recibe muchas solicitudes, es necesario distribuir la carga entre varios procesos o servidores.

## 3.1. Clustering en Node.js

Node.js es de un solo hilo, pero podemos aprovechar el módulo cluster para ejecutar múltiples instancias del servidor.

**Ejemplo de clustering en Node.js:**

javascript

```javascript
const cluster = require('cluster');
const http = require('http');
const os = require('os');
if (cluster.isMaster) {
  // Crear un proceso hijo por cada núcleo de CPU disponible
  const numCPUs = os.cpus().length;
  for (let i = 0; i < numCPUs; i++) {
    cluster.fork();
  }
  cluster.on('exit', (worker) => {
    console.log(`Proceso ${worker.process.pid} finalizado. Creando uno nuevo...`);
    cluster.fork();
  });
} else {
  // Servidor HTTP en cada proceso hijo
  http.createServer((req, res) => {
    res.writeHead(200);
    res.end('Hola desde Node.js en cluster\n');
  }).listen(3000);
  console.log(`Servidor corriendo en el proceso $
```

```
{process.pid}`);
}
```

## 3.2. Balanceo de carga con NGINX

NGINX es un servidor web que puede actuar como **proxy inverso** y distribuir la carga entre varios servidores Node.js.

**Configuración básica de NGINX como balanceador de carga:**

```
server {
    listen 80;
    location / {
        proxy_pass http://backend_servers;
    }
}
upstream backend_servers {
    server 127.0.0.1:3001;
    server 127.0.0.1:3002;
}
```

Con esta configuración, las solicitudes entrantes se distribuyen entre localhost:3001 y localhost:3002.

# 4. ESCALABILIDAD HORIZONTAL Y VERTICAL

La escalabilidad se refiere a la capacidad de un sistema para manejar un aumento en la carga de trabajo.

## 4.1. Escalabilidad Vertical

Consiste en aumentar la capacidad del servidor añadiendo más **CPU, RAM o almacenamiento.**

**Ejemplo:**

- Mejorar la infraestructura del servidor en DigitalOcean o AWS.
- Aumentar la memoria de la instancia en Heroku.

 **Desventaja:** Tiene un límite físico y puede ser costoso.

## 4.2. Escalabilidad Horizontal

Implica agregar más servidores y distribuir la carga entre ellos.

**Ejemplo:**

- Usar múltiples contenedores en **Docker Swarm** o **Kubernetes.**
- Implementar balanceo de carga con **NGINX** o **AWS Elastic Load Balancer.**

 **Ventaja:** Permite escalar de forma indefinida.

 **Desventaja:** Requiere una infraestructura más compleja.

# Conclusión

El despliegue y la escalabilidad son esenciales para cualquier aplicación backend en producción. En este capítulo aprendimos:

◻ Cómo desplegar una aplicación en **Heroku, Vercel y DigitalOcean.**

◻ Cómo utilizar **Docker** para entornos portátiles.

◻ Cómo aplicar **clustering** en Node.js para aprovechar múltiples núcleos.

◻ Cómo hacer balanceo de carga con **NGINX.**

◻ Estrategias de **escalabilidad horizontal y vertical** para manejar tráfico creciente.

Aplicando estos conceptos, tu aplicación podrá soportar más usuarios sin comprometer su rendimiento.

# CAPÍTULO 12: WEBSOCKETS Y TIEMPO REAL

Las aplicaciones en tiempo real han revolucionado la forma en que interactuamos con la web. Desde chats y notificaciones hasta juegos en línea y transmisión de datos en vivo, los **WebSockets** permiten una comunicación bidireccional eficiente entre el cliente y el servidor.

En este capítulo, aprenderemos qué son los WebSockets, cómo implementarlos con **Socket.io** en una aplicación Node.js y exploraremos algunos casos de uso prácticos.

## 1. INTRODUCCIÓN A WEBSOCKETS

Los WebSockets son un protocolo de comunicación que permite una conexión persistente entre el servidor y el cliente, a diferencia de las peticiones HTTP tradicionales, que son **sin estado** y requieren una nueva conexión en cada solicitud.

### 1.1. Diferencias entre HTTP y WebSockets

| Característica | HTTP | WebSockets |
|---|---|---|
| Comunicación | Unidireccional (cliente- | Bidireccional |

servidor)

| Estado | Sin estado | Conexión persistente |
|---|---|---|
| Latencia | Alta (cada solicitud inicia nueva conexión) | Baja (conexión abierta) |
| Uso de recursos | Más consumo de ancho de banda | Más eficiente |
| Casos de uso | Carga de páginas, APIs REST | Chats, notificaciones, juegos en línea |

## 1.2. Cómo funcionan los WebSockets

1. El cliente envía una solicitud de **handshake** para establecer una conexión WebSocket.
2. El servidor responde con un **código de aceptación** y la conexión permanece abierta.
3. Tanto el cliente como el servidor pueden enviar y recibir datos en **tiempo real** sin necesidad de múltiples peticiones HTTP.

# 2. IMPLEMENTACIÓN DE WEBSOCKETS CON SOCKET.IO

**Socket.io** es una biblioteca que facilita la implementación de WebSockets en Node.js.

## 2.1. Instalación de Socket.io

En primer lugar, debemos instalar **Socket.io** en nuestro proyecto:

```
npm install socket.io
```

Si usamos **Express.js**, también necesitamos instalarlo:

```
npm install express
```

## 2.2. Configuración básica de un servidor WebSocket

Crea un archivo server.js y configura un servidor con **Express y Socket.io**:

```
const express = require('express');
const http = require('http');
const { Server } = require('socket.io');
const app = express();
const server = http.createServer(app);
const io = new Server(server);
io.on('connection', (socket) => {
    console.log('Un usuario se ha conectado');
    socket.on('mensaje', (data) => {
        console.log(`Mensaje recibido: ${data}`);
        io.emit('mensaje', data); // Enviar mensaje a todos
los clientes
    });
    socket.on('disconnect', () => {
        console.log('Usuario desconectado');
    });
});
server.listen(3000, () => {
```

```
console.log('Servidor WebSocket en ejecución en
http://localhost:3000');
});
```

Este código hace lo siguiente: ⬜ Inicia un servidor HTTP con Express.

⬜ Configura un **servidor WebSocket** con Socket.io.

⬜ Escucha conexiones de usuarios y mensajes entrantes.

⬜ Difunde mensajes a todos los clientes conectados.

## 2.3. Cliente WebSocket con JavaScript

Crea un archivo index.html con un cliente WebSocket:

```html
<!DOCTYPE html>
<html lang="es">
<head>
    <meta charset="UTF-8">
    <meta name="viewport" content="width=device-width, initial-scale=1.0">
    <title>Chat en Tiempo Real</title>
    <script src="/socket.io/socket.io.js"></script>
</head>
<body>
    <h1>Chat en Tiempo Real</h1>
    <input id="mensaje" type="text" placeholder="Escribe un mensaje">
    <button onclick="enviarMensaje()">Enviar</button>
```

```
<ul id="mensajes"></ul>
<script>
    const socket = io();
    function enviarMensaje() {
        const input = document.getElementById('mensaje');
        socket.emit('mensaje', input.value);
        input.value = '';
    }
    socket.on('mensaje', (data) => {
        const lista = document.getElementById('mensajes');
        const item = document.createElement('li');
        item.textContent = data;
        lista.appendChild(item);
    });
</script>
</body>
</html>
```

🗆 **Explicación del código:**
🗆 Conecta el cliente a **Socket.io**.
🗆 Envía mensajes al servidor con socket.emit().
🗆 Escucha nuevos mensajes y los muestra en la interfaz.

# 3. CASOS DE USO DE WEBSOCKETS

## 3.1. Chat en tiempo real

Este es uno de los usos más comunes de WebSockets. Gracias a **Socket.io**, podemos crear una sala de chat donde los mensajes se envían instantáneamente a todos los participantes.

## 3.2. Notificaciones en tiempo real

Los WebSockets son ideales para enviar **notificaciones push** sin necesidad de refrescar la página.

Ejemplo de notificación en el servidor:

```
io.on('connection', (socket) => {
    socket.emit('notificacion', 'Tienes un nuevo mensaje');
});
```

Ejemplo de recepción en el cliente:

```
socket.on('notificacion', (msg) => {
    alert(msg);
});
```

## 3.3. Streaming de datos en tiempo real

Los WebSockets permiten transmitir datos en vivo, como **precios de criptomonedas, cotizaciones de bolsa o transmisiones de video.**

Ejemplo de actualización de datos en vivo:

```
setInterval(() => {
    const precio = (Math.random() * 100).toFixed(2);
    io.emit('precioActualizado', precio);
}, 3000);
```

## Conclusión

Los WebSockets han cambiado la manera en que construimos aplicaciones en tiempo real. En este capítulo aprendimos:

 Qué son los WebSockets y en qué se diferencian de HTTP.

 Cómo implementar **Socket.io** en un servidor Node.js.

 Cómo crear un **chat en tiempo real**.

 Casos de uso como **notificaciones y streaming de datos**.

Con esta tecnología, puedes mejorar la interactividad de tus aplicaciones y proporcionar experiencias más dinámicas para los usuarios.

# CAPÍTULO 13: CONSTRUCCIÓN DE UNA API COMPLETA

En este capítulo, aprenderás a diseñar, desarrollar y probar una API REST completa con **Express**, utilizando **MongoDB** o **PostgreSQL** como base de datos. Implementaremos autenticación y autorización con **JWT** y realizaremos pruebas con **Postman** y **Jest**.

## 1. DISEÑO Y PLANIFICACIÓN DEL PROYECTO

Antes de empezar a programar, es fundamental definir:
☐ **El objetivo de la API:** ¿Qué funcionalidad tendrá?
☐ **Los endpoints:** ¿Qué rutas se necesitan?
☐ **La estructura de datos:** ¿Qué datos se manejarán y cómo se organizarán?
☐ **La autenticación y autorización:** ¿Qué usuarios pueden acceder a cada recurso?

### 1.1. Definición de endpoints

Para un ejemplo de API de gestión de tareas, podríamos definir los siguientes endpoints:

| Método | Ruta | Descripción |
|---|---|---|
| GET | /tareas | Obtener todas las tareas |
| GET | /tareas/:id | Obtener una tarea específica |
| POST | /tareas | Crear una nueva tarea |
| PUT | /tareas/:id | Actualizar una tarea |
| DELETE | /tareas/:id | Eliminar una tarea |

## 1.2. Estructura del proyecto

Organizar bien el código facilita el mantenimiento. Un ejemplo de estructura sería:

```
/api
|— /config      # Configuración de la base de datos
|— /controllers  # Lógica de negocio
|— /middlewares    # Middleware de autenticación y validación
|— /models      # Modelos de la base de datos
|— /routes      # Rutas de la API
|— /tests      # Pruebas automatizadas
|— index.js      # Archivo principal del servidor
```

# 2. CREACIÓN DE UNA API REST CON EXPRESS Y MONGODB/POSTGRESQL

## 2.1. Instalación del entorno

Para iniciar el proyecto, instala Express y otras dependencias necesarias:

```
npm init -y
npm install express dotenv mongoose jsonwebtoken bcryptjs cors helmet express-validator
```

Si usas PostgreSQL en lugar de MongoDB, instala Sequelize:

```
npm install pg pg-hstore sequelize
```

## 2.2. Configuración del servidor en index.js

```
require('dotenv').config();
const express = require('express');
const cors = require('cors');
const helmet = require('helmet');
const app = express();
// Middleware de seguridad y JSON
app.use(cors());
app.use(helmet());
app.use(express.json());
// Importar rutas
```

```
const tareaRoutes = require('./routes/tareaRoutes');
app.use('/tareas', tareaRoutes);
const PORT = process.env.PORT || 3000;
app.listen(PORT, () => {
    console.log(`Servidor corriendo en http://localhost:$
{PORT}`);
});
```

# 3. IMPLEMENTACIÓN DE AUTENTICACIÓN Y AUTORIZACIÓN

## 3.1. Registro de usuario con bcrypt y JWT

En controllers/authController.js:

```
const bcrypt = require('bcryptjs');
const jwt = require('jsonwebtoken');
const Usuario = require('../models/Usuario');
exports.registrar = async (req, res) => {
    try {
        const { nombre, email, password } = req.body;
        const        hashedPassword        =        await
bcrypt.hash(password, 10);
        const usuario = new Usuario({ nombre, email,
password: hashedPassword });
        await usuario.save();
        res.json({ mensaje: 'Usuario registrado con éxito' });
```

```
} catch (error) {
    res.status(500).json({ error: 'Error al registrar
usuario' });
  }
};
```

## 3.2. Middleware para proteger rutas

En middlewares/authMiddleware.js:

```
const jwt = require('jsonwebtoken');
module.exports = (req, res, next) => {
    const token = req.header('Authorization');
    if (!token) return res.status(401).json({ error: 'Acceso
denegado' });
    try {
        const decoded = jwt.verify(token,
process.env.JWT_SECRET);
        req.usuario = decoded;
        next();
    } catch (error) {
        res.status(400).json({ error: 'Token inválido' });
    }
};
```

Ahora podemos proteger nuestras rutas:

```
const    authMiddleware    =    require('../middlewares/
authMiddleware');
```

```
router.post('/tareas', authMiddleware, crearTarea);
```

# 4. PRUEBAS CON POSTMAN Y JEST

## 4.1. Pruebas manuales con Postman

Para probar la API, usa **Postman** enviando peticiones HTTP a los endpoints definidos.

1. **Registrar usuario:**
   - Método: POST
   - URL: http://localhost:3000/auth/registrar

Body (JSON):

```
{
  "nombre": "Juan",
  "email": "juan@gmail.com",
  "password": "123456"
}
```

2. **Obtener token de autenticación:**
   - Método: POST
   - URL: http://localhost:3000/auth/login

Respuesta esperada:

```
{
```

```
"token": "eyJhbGciOiJI..."
}
```

3. **Probar un endpoint protegido:**
   o   Método: GET
   o   URL: http://localhost:3000/tareas
   o   Encabezado:

   Authorization: Bearer <TOKEN>

## 4.2. Pruebas automatizadas con Jest

### 4.2.1. Instalación de Jest y Supertest

```
npm install --save-dev jest supertest
```

### 4.2.2. Configuración en package.json

Agrega el siguiente script:

```
"scripts": {
  "test": "jest"
}
```

### 4.2.3. Prueba de autenticación en tests/auth.test.js

```
const request = require('supertest');
const app = require('../index');
describe('Pruebas de autenticación', () => {
    test('Debe registrar un usuario', async () => {
```

```
const res = await request(app)
  .post('/auth/registrar')
  .send({
    nombre: 'Prueba',
    email: 'prueba@gmail.com',
    password: '123456'
  });
expect(res.statusCode).toBe(200);
expect(res.body).toHaveProperty('mensaje',
'Usuario registrado con éxito');
  });
});
```

Ejecuta las pruebas con:

```
npm test
```

## Conclusión

En este capítulo hemos construido una **API REST completa**, desde su diseño hasta su prueba. Ahora tienes una base sólida para desarrollar APIs seguras y escalables.

# CAPÍTULO 14: DOCUMENTACIÓN Y MANTENIMIENTO

En este capítulo aprenderás a documentar tu API con **Swagger**, a implementar herramientas de **monitoreo y logging** en producción, y a realizar tareas de **mantenimiento y optimización** para garantizar el buen rendimiento y la escalabilidad de tu aplicación.

## 1. CREACIÓN DE DOCUMENTACIÓN CON SWAGGER

**Swagger** es una herramienta que permite generar documentación interactiva para APIs REST. Facilita que otros desarrolladores entiendan y prueben los endpoints sin necesidad de leer el código.

### 1.1. Instalación de Swagger en Express

Instala los paquetes necesarios:

```
npm install swagger-ui-express swagger-jsdoc
```

## 1.2. Configuración de Swagger en swaggerConfig.js

Crea un archivo swaggerConfig.js en la raíz del proyecto:

```
const swaggerJsdoc = require('swagger-jsdoc');
const swaggerUi = require('swagger-ui-express');
const options = {
    definition: {
        openapi: '3.0.0',
        info: {
            title: 'API de Gestión de Tareas',
            version: '1.0.0',
            description: 'Documentación de la API con Swagger',
        },
    },
    apis: ['./routes/*.js'], // Rutas donde están documentados los endpoints
};
const swaggerSpec = swaggerJsdoc(options);
const swaggerDocs = (app) => {
    app.use('/api-docs', swaggerUi.serve, swaggerUi.setup(swaggerSpec));
```

```
};
module.exports = swaggerDocs;
```

## 1.3. Integración de Swagger en index.js

En el archivo index.js, importa y usa Swagger:

```
const express = require('express');
const swaggerDocs = require('./swaggerConfig');
const app = express();
// Inicializar Swagger
swaggerDocs(app);
const PORT = process.env.PORT || 3000;
app.listen(PORT, () => {
    console.log(`Servidor corriendo en http://localhost:${PORT}`);
    console.log(`Documentación en http://localhost:${PORT}/api-docs`);
});
```

## 1.4. Documentación de un endpoint en routes/tareaRoutes.js

```
/**
* @swagger
```

```
* /tareas:
*  get:
*    summary: Obtiene todas las tareas
*    tags: [Tareas]
*    responses:
*     200:
*      description: Lista de tareas obtenida con éxito
*      content:
*       application/json:
*        schema:
*         type: array
*         items:
*          type: object
*          properties:
*           id:
*            type: string
*           nombre:
*            type: string
*/
router.get('/tareas', obtenerTareas);
```

Ahora puedes acceder a la documentación en **http://localhost:3000/api-docs** y probar los endpoints desde el navegador.

# 2. MONITOREO Y LOGGING EN PRODUCCIÓN

Una API en producción necesita herramientas para registrar errores y monitorear su estado.

## 2.1. Implementación de logging con Winston

**Winston** es una de las bibliotecas más usadas para registrar logs en Node.js.

**Instalación**

```
npm install winston
```

**Configuración en config/logger.js**

```
const winston = require('winston');
const logger = winston.createLogger({
    level: 'info',
    format: winston.format.combine(
        winston.format.timestamp(),
        winston.format.json()
    ),
    transports: [
        new winston.transports.File({ filename: 'logs/error.log', level: 'error' }),
        new winston.transports.File({ filename: 'logs/
```

```
combined.log' }),
    ],
});
if (process.env.NODE_ENV !== 'production') {
    logger.add(new winston.transports.Console({
        format: winston.format.simple(),
    }));
}
module.exports = logger;
```

**Uso en controladores**

```
const logger = require('../config/logger');
exports.obtenerTareas = async (req, res) => {
    try {
        const tareas = await Tarea.find();
        res.json(tareas);
    } catch (error) {
        logger.error('Error al obtener tareas:', error);
        res.status(500).json({ error: 'Error en el servidor' });
    }
};
```

## 2.2. Monitoreo con PM2

**PM2** es un administrador de procesos que mantiene viva nuestra API en producción.

**Instalación y uso**

```
npm install -g pm2

pm2 start index.js --name api-tareas

pm2 logs

pm2 restart api-tareas

pm2 save

pm2 startup
```

Esto garantiza que la API se reinicie automáticamente si se detiene inesperadamente.

# 3. MANTENIMIENTO Y OPTIMIZACIÓN DE CÓDIGO

## 3.1. Buenas prácticas de código

 **Modulariza**: Separa lógica en controladores, modelos y rutas.

 **Usa variables de entorno**: Nunca guardes credenciales en el código.

 **Implementa middleware de validación**: Usa express-validator para validar datos.

 **Evita consultas innecesarias a la base de datos**: Usa lean() en Mongoose o raw: true en Sequelize para mejorar el rendimiento.

 **Maneja excepciones**: Usa try/catch en cada operación

asíncrona.

## 3.2. Optimización de rendimiento

☐ **Usa cacheo con Redis**: Reduce las consultas a la base de datos.

☐ **Habilita compresión con gzip**:

```
npm install compression
```

```
const compression = require('compression');
app.use(compression());
```

☐ **Optimiza la base de datos**:

- Crea índices en campos que se usan en WHERE.
- Usa LIMIT y OFFSET en consultas grandes.
- Evita almacenar datos innecesarios.

# Conclusión

Con este capítulo, ahora tienes una API bien documentada, con monitoreo y herramientas de mantenimiento en producción. Esto garantiza una API más **segura, eficiente y fácil de escalar**.

# CONCLUSIÓN

Llegamos al final de este recorrido por el desarrollo backend con Node.js, Express, bases de datos y escalabilidad. A lo largo de este libro, hemos construido desde los fundamentos hasta una API completamente funcional y preparada para producción. Ahora es momento de repasar lo aprendido, explorar los siguientes pasos y brindarte recursos para seguir creciendo como desarrollador backend.

## *REPASO DE LOS CONCEPTOS APRENDIDOS*

A lo largo de los capítulos, hemos cubierto:

- **Fundamentos de Node.js**: Cómo funciona el entorno de ejecución y la programación asíncrona.
- **Express.js**: Creación de servidores backend y manejo de rutas.
- **Bases de datos**: Uso de MongoDB con Mongoose y PostgreSQL con Sequelize.
- **Autenticación y seguridad**: Implementación de JWT, bcrypt y buenas prácticas de protección.
- **Despliegue y escalabilidad**: Uso de Docker, clustering y balanceo de carga.
- **Tiempo real con WebSockets**: Implementación de chats y notificaciones en vivo.

- **Documentación y mantenimiento**: Uso de Swagger, logging con Winston y monitoreo con PM2.

Con esta base, ahora tienes los conocimientos para crear APIs escalables, seguras y listas para producción.

# PRÓXIMOS PASOS EN EL DESARROLLO BACKEND

Ahora que dominas los conceptos esenciales, puedes profundizar en:

- **Optimización y rendimiento**:
  - Cacheo con Redis.
  - Optimización de consultas en SQL y NoSQL.
  - Uso de GraphQL en lugar de REST.
- **Arquitecturas avanzadas**:
  - Migración de monolitos a microservicios.
  - Implementación de event-driven architecture con Kafka o RabbitMQ.
- **DevOps y automatización**:
  - Uso de CI/CD para despliegues automáticos.
  - Monitoreo avanzado con Prometheus y Grafana.
- **Seguridad a nivel profesional**:
  - Detección y mitigación de ataques comunes (SQL Injection, CSRF, XSS).
  - Implementación de OAuth 2.0 y OpenID Connect.

# RECURSOS ADICIONALES Y COMUNIDADES PARA SEGUIR APRENDIENDO

El aprendizaje en backend no se detiene aquí. Te recomiendo estos recursos para seguir avanzando:

## Libros

- *"Node.js Design Patterns"* - Mario Casciaro
- *"The Pragmatic Programmer"* - Andrew Hunt & David Thomas
- *"Building Microservices"* - Sam Newman

## Cursos y tutoriales

- The Odin Project - Node.js
- Academind - Node.js & Express
- MongoDB University

## Comunidades y foros

- Node.js Reddit
- Stack Overflow - Node.js
- Discord - Node.js

# Reflexión final

El desarrollo backend es un camino de mejora continua. Más allá del código, lo más importante es desarrollar una mentalidad de resolución de problemas, aplicar buenas prácticas y adaptarse a las nuevas tecnologías.

Si has llegado hasta aquí, ya tienes una base sólida para construir y escalar aplicaciones backend. Ahora es momento de aplicar lo aprendido y crear proyectos innovadores.